Franz Brandl

Cocktails mit Alkohol

Franz Brandl

Cocktails mit Alkohol

555 Mixgetränke

Cormoran

MEINER FRAU GABI

MEINEN KINDERN SILVIA UND FRANZ

2. Auflage 1998

Umschlaggestaltung: Till Eiden
unter Verwendung eines Fotos von Reinhard Rohner, München
Fotos und Gestaltung: Horst Prange und Reinhard Rohner
Reproduktion: Coburger Klischee + Litho-Anstalt

Printed in Slowakia
Gedruckt auf chlor- und säurearmem Papier

ISBN 3-517-07927-8

Inhalt

Vorwort

Die Idee zu diesem Buch entstand natürlich an einer Bar, an der von Barmeister Franz Brandl, während einer Diskussion über das von ihm geschriebene Buch GOURMET MIX GUIDE, in dem sein ganzes Wissen über die Bar, das Mixen, Alkoholika, Champagner, Weine und andere Schmankerl zusammengetragen ist. Kurz – er hat mit dem GOURMET MIX GUIDE ein Fachbuch für Fachleute und sehr versierte Hobbymixer verfaßt.

Was aber macht der „Normalverbraucher", der nur ein paar Flaschen Alkoholika im Haus hat? Er wird sicher von den hohen Anforderungen eines Fachbuches verschreckt. Die Vielzahl der Zutaten, die ein Fachmann zur Verfügung hat, lassen beim Hobbymixer den Mut zu selbstgemachten Cocktails schwinden. Das war auch die Überlegung, die letztlich die Idee zu diesem Buch geliefert hat, nämlich – ausgehend von einem Produkt – mit Zutaten aus dem normalen Haushalt eine Anzahl verschiedenartiger Cocktails herzustellen. Dazu kommen noch Verweise auf andere Cocktails, bei denen die gleiche Sorte Alkohol Verwendung findet. Jede weitere Flasche eröffnet also wieder viele Mixmöglichkeiten.

Sie, lieber Hobbymixer, haben es jetzt in der Hand, eine erfolgreiche Cocktailparty zu gestalten. Ihre Gäste werden es Ihnen sicher hoch anrechnen, wenn sie nicht nur mit den üblichen Drinks bewirtet werden. Außerdem müssen Sie für diesen Erfolg nicht gleich eine ganze Bar kaufen.

Antworten auf Fachfragen werden in diesem Buch unter sinnvoll geordneten Rubriken gegeben: Welches Glas nimmt man zu welchem Drink, was gibt es für Hilfsmittel und Geräte, woher kommt das Getränk, welche Zutaten brauche ich und wie wird richtig gemixt?

Wir wünschen Ihnen viel Freude und Erfolg mit diesem Buch aus der Hand eines erstklassigen Fachmannes.

Der Autor

Franz Brandl ist einer der wenigen in Deutschland tätigen Barmeister. Seine Ausbildung führte über den klassischen Weg bis zur 1976 erfolgreich abgelegten Barmeisterprüfung. Mit zahlreichen Büchern und Veröffentlichungen in der Fachpresse und in Publikumszeitschriften hat sich Franz Brandl einen Namen gemacht. Während seiner langjährigen Berufspraxis eröffnete er u. a. in München als Barchef der ersten Stunde die HARRY'S NEW YORK BAR, Eckart Witzigmanns Dreisterne-Restaurant AUBERGINE und war Barmanager im SHERATON-HOTEL. Nach vielen Jahren der Selbständigkeit ist Franz Brandl heute nur noch beratend tätig und befaßt sich mit dem Schreiben von Büchern.

Von seinen bisher erschienenen Büchern genießen der Klassiker GOURMET MIX GUIDE und das BUCH DER GEISTIGEN GENÜSSE, zwei umfassende Standardwerke zu den Themen Warenkunde, Cocktails und Mixgetränke, internationales Ansehen. Die vorliegende, völlig überarbeitete Fassung seines Klassikers „Das große Cocktailbuch" erweist sich als ein leicht verständliches und informatives Handbuch, das sowohl für den Fachmann als auch den Hobby-Mixer geeignet ist.

Die Hausbar

Im Rezeptteil dieses Buches finden Sie vielfältige Möglichkeiten, die in Ihrer Bar vorhandenen Alkoholika zu mixen. Die hier benutzte Gliederung vereinfacht die Suche nach dem richtigen Drink zur richtigen Zeit. Es wurden den Getränkearten die dazugehörigen Rezepte zugeordnet.
Cocktail-Liebhabern wird oft vorgeschlagen, bei der Einrichtung einer Hausbar mit vier Flaschen anzufangen. Zu dieser Grundausstattung gehören Gin, Vermouth Dry, Vermouth Rosso und ein Orangenlikör. Aufbauend auf dem Martini Cocktail kann man tatsächlich bis zu 100 verschiedene Cocktails mixen.
Aber dieser Vorschlag hat einen gravierenden Nachteil: Alle Drinks ähneln sich sehr stark im Geschmack, der einzige Unterschied besteht meistens in der Bemessung der Zutaten.
Außerdem sind Sie zu alkoholstark und eignen sich für zu wenige Gelegenheiten. Der „Vierflaschenvorschlag" wird also nur ein recht eintöniges Cocktailangebot bringen.
Um Ihnen bei einer sinnvollen Grundausstattung Ihrer Hausbar einige Anhaltspunkte zu geben, habe ich hier eine Getränkeauswahl zusammengestellt. Mit den nachfolgend genannten zehn Flaschen läßt sich eine große Anzahl von Cocktails vom trockenen Before-Dinner-Drink bis zum Hot-Drink mixen.

Zur Grundausstattung benötigt man:

An Säften und Limonaden

Orangensaft
Zitronensaft
Grapefruitsaft
Maracujasaft
Ananassaft
Tomatensaft
Cola
Sodawasser
Tonic Water
Bitter Lemon
Ginger Ale

An Mixzutaten und Früchten

Zuckersirup
Grenadine
Angostura
Cream of Coconut
Cocktailkirschen
Oliven mit Stein
Orangen
Zitronen
Limonen
Bananen
Erdbeeren
Pfirsiche
Ananas
Eier
Sahne
Milch
Kaffee
Salz
Selleriesalz
Pfeffer
Muskat
Tabasco
Worcestershire Sauce

Diese zehn Sorten sollten Sie in Ihrer Hausbar haben:

Vermouth Rosso
Campari
Gin
Wodka
Weißer Rum
Scotch Whisky
Cognac oder Weinbrand
Cointreau
Amaretto
Champagner oder Sekt

Mit jeder weiteren Spirituosen- oder Likörsorte vergrößert sich Ihr Cocktailangebot. So wären die nächstwichtigen: Brauner Rum, Tequila, Curaçao Blue, Crème de Bananes, Apricot Brandy und Cherry Brandy oder Kirschlikör.

☆

Schnell zubereitet sind:

Vermouth Rosso
on the rocks mit Sodawasser
Campari
mit Sodawasser, Bitter Lemon, Tonic Water, Orangensaft
Gin
mit Tonic Water, Bitter Lemon, Orangensaft
Wodka
mit Tonic Water, Bitter Lemon, Orangensaft oder eisgekühlt zum Bier
Weißer Rum
mit Cola, Tonic Water, Bitter Lemon, Orangensaft
Scotch Whisky
on the rocks mit Cola, Sodawasser, Ginger Ale
Cognac/Weinbrand
mit Cola, Sodawasser oder zum Kaffee
Cointreau
on the rocks mit Orangensaft, Tonic Water, zum Kaffee
Amaretto
on the rocks mit Orangensaft, zum Kaffee
Champagner/Sekt
ungemischt oder mit Orangensaft

Mit den auf Seite 8 genannten Getränken und Zutaten lassen sich über 100 verschiedene Drinks mixen. Die nachfolgende Aufstellung, geordnet nach Gruppen, gibt Ihnen einen Überblick:

Aperitifs

Americano
Negroni
Campari Shakerato
Vermouth Soda

Dry Cocktails

Rob Roy
Scotch Old Fashioned

Champagner/Sekt-Cocktails

Mimosa
Bellini
Champagner Cocktail
Champagner Cocktail II
Margarete Rose
Campari Blossom
Ohio
Ritz
French 75
Flying
Hemingway
Pick me up
Sternstunde

Longdrinks

Gin Tonic/ Bitterlemon
Wodka Tonic/ Bitter Lemon
Campari Orange
Gin Orange
Skrew Driver
Amaretto Orange
Cointreau Tonic/ Bitter Lemon
Brandy Soda
Cuba Libre
Scotch Horse's Neck
Moscow Mule
Campari Cup
Cointreau Fiction
Chi-Chi
Campari Caribic
Big Ben
Planter's Punch
Sugar Bird
Bahia
Strawberry Colada
Salty Dog

Medium Cocktails

White Lady
Clover Club
Daiquiri
Pink Daiquiri
Frozen Daiquiri
Banana Daiquiri
Peach Daiquiri
Strawberry Daiquiri
Mojito
Side Car
Rolls Royce
Between the Sheets
Ward Eight
Mounty
Balalaika
Spring-Time
Godmother
Godfather
French Connection

Sours

Asbach Sour
Gin Sour
Rum Sour
Brandy Sour
Scotch Whisky Sour
Amaretto Sour
Wodka Sour

Fizz

Gin Fizz
Orangen Fizz
Silver Fizz
Golden Fizz
Royal Fizz
Pineapple Fizz
Brandy Fizz
Wodka Fizz

Collins

Tom Collins
Pedro Collins
Pierre Collins
Sandy Collins
Wodka Collins

Sweet Cocktails

Sweet Maria
Julia
Saronno
Road Runner
Hercules
Strawberry Dawn

Flips

Champagner Flip
Brandy Flip
Scotch Whisky Flip

Fancy Drinks

Bloody Mary
Cubanito
Red Snapper
Salty Dog

Alkoholfreie Drinks

Pussy Foot
Alice
Sport Flip
Virgin Mary

Hot Drinks

Hot Toddy
Hot Milk Punch
Café Contreau
Saronno Toddy
Italian Coffee
Rüdesheimer Kaffee

Als Handwerskzeug sind Shaker und Barsieb unerläßlich. Wie man im Kapitel „Bar-Utensilien" sehen kann, finden sich alle anderen Gerätschaften in irgendeiner Form im Haushalt.

Bar-Utensilien

Vielfach schreckt der Hobbymixer vor der Einrichtung einer eigenen Hausbar zurück. Das schnelle Hantieren der Profis mit zum Teil unbekannten Gerätschaften erweckt den Eindruck der Alchemie und Nichtnachvollziehbarkeit. Doch weit gefehlt! Die Schnelligkeit ist bedingt durch die berufliche Ausübung und wird unterstützt durch die professionelle Einrichtung, welche ein anderes Tempo zuläßt.
Außerdem muß der Profi lange Wartezeiten vermeiden, da seine Gäste ja bezahlen und dafür einen anderen Service erwarten als Ihre Freunde bei Ihnen zu Hause.
Wenn Sie sich für einige Cocktails entschieden haben, die Zutaten, Eis und Arbeitsgeräte vorbereitet sind, wird es auch Ihnen leicht fallen, eine größere Anzahl von Gästen zu bewirten.
In folgender Aufstellung sind alle wichtigen Bargerätschaften angegeben. Mit Ausnahme des Shakers und des Strainers (Barsieb), die unbedingt vorhanden sein müssen, findet sich alles in irgendeiner Form im Haushalt oder läßt sich provisorisch ersetzen.

Barglas (auch Rühr- oder Mixglas)
Dickwandiges, hohes Glas mit Ausgießschnabel. Im Barglas werden hauptsächlich Short-Drinks gemixt. Diese bestehen zumeist aus Spirituosen und Likör, Vermouth, Sirup oder Südwein, beinhalten jedoch keine Säfte.
Mit dem Barglas werden die meisten Before- und After-Dinner-Drinks zubereitet.

Barlöffel
Der ca. 25 cm lange Löffel dient zum Verrühren von Cocktailzutaten mit Eiswürfeln im Barglas. Er ist gleichzeitig eine kleine Maßeinheit für dickflüssige Liköre, Sirups und Crèmes. In den Rezepten steht die Maßeinheit „ein Barlöffel" für das Volumen von 0,5 cl.

Barmesser
Das mittelgroße Sägemesser mit zwei Spitzen benutzt man zum Schneiden von Früchten und Aufspießen von Fruchtstücken. Im Handel werden diese Messer als Tomatenmesser angeboten.

Barsieb (Strainer)
Das Spiralsieb hält beim Abseihen aus dem Shaker oder Barglas die Eisstükke zurück.

Champagner-Flaschenverschluß
Damit werden angebrochene Champagner- oder Sektflaschen fest verschlossen, der Kohlensäureverlust also verhindert. Er erlaubt, eine angebrochene Flasche bis zum nächsten Tag aufzubewahren.

Champagnerzange
Dient zum Herausdrehen festsitzender Champagner- oder Sektkorken. Auch können damit die Haltedrähte der Korken durchtrennt werden.

Cocktailspieße
Kleine Spießchen aus Holz oder Kunststoff zum Aufspießen von Cocktailkirschen, Oliven usw.

Eiseimer
Ein Gefäß aus Glas, Kunststoff oder Metall zur Aufbewahrung von Eiswürfeln. Es sollte sich auch zum Einsetzen am Tisch eignen.

Eiszange und Eisschaufel
Zum Aufnehmen von Eiswürfeln, die in Trinkgläser, Shaker oder Barglas gegeben werden.

Flaschenöffner
Zum Öffnen von Kronenkorken (Kapsel)-Verschlüssen.

Hebelkorkenzieher
Er sollte eine breite Spirale haben und mit einem Schneidemesser sowie einem Kapselheber ausgerüstet sein.

Meßglas
Zum Abmessen von Flüssigkeiten. Es eignen sich aber auch Schnapsgläser mit 2 cl- und 4 cl-Eichung.

Muskatreibe
Zum Abreiben von Muskatnüssen. Am besten sind Reiben mit einem Hohlraum zur Aufbewahrung der Muskatnuß.

Schneidebrett
Ein größeres Holz- oder Kunststoffbrett als Unterlage beim Schneiden von Früchten.

Shaker
Zu empfehlen sind zweiteilige Shaker aus Silber oder der Boston-Shaker, der aus einem Metall- und einem Glasteil besteht.
Mit dem Shaker werden alle Mixgetränke, die Säfte enthalten, zubereitet (Ausnahme: Tomatensaft).
Fachgemäßes Schütteln bewirkt eine gute Vermischung von Alkoholika, Sirups, Säften, Sahne usw. Außerdem wird rasch die Kälte des Eises angenommen.
Das zum Shaken benutzte Eis bleibt immer im Shaker.
Niemals kohlensäurehaltige Zutaten (Sekt, Sodawasser, Cola usw.) im Shaker mitschütteln!

Stirer
Ein langer Kunststoffstab zum Rühren von Longdrinks und zum Aufspießen von Früchten.

Trinkhalme
Sollten in verschiedenen Längen und Farben vorhanden sein.

Mixzutaten

Für die hier aufgeführten Mixzutaten wird die hauptsächliche oder jeweilige Verwendung in Stichworten angegeben.
Wissenswertes über die Herstellung und den Gebrauch von Sirups und Creams finden Sie im Rezeptteil bei den alkoholfreien Mixgetränken (Seite 136 ff.).

Ananas	Pina Colada, Ananasbowle, Garnierung
Angostura	unentbehrlicher Aromatic-Bitter
Bananen	zum Pürieren und Garnieren
Brauner Zucker	zum Süßen von heißen Kaffeegetränken
Cocktailkirschen	rote oder grüne zum Garnieren
Cocktailzwiebeln	für Gibson, Wodka Gibson
Consommé	Bull Shot, Ramrod, Bloody Bull
Cream of Coconut	für intensiv nach Kokosnuß schmeckende Drinks
Eier	Eigelb für Flips Eiweiß für viele Cocktails
Erdbeeren	zum Pürieren und Garnieren, für Bowlen
Grenadine	meistverwendeter Sirup zum Mixen
Gurken	zu Moscow Mule, Pimm's Cup, Gurkenbowle
Himbeeren	für Bowlen
Himbeersirup	für alkoholfreie Getränke
Honig	Batida de Mel, Banana Milk Shake
Ketchup	Prairie Oyster
Kiwi	Garnierung tropischer Drinks, Bowlen
Lime Juice (Rose's)	für Cocktails und Longdrinks
Limonen	Saft, Zugabe zu Longdrinks, zur Garnierung
Mango-Sirup	für exotische Longdrinks
Maracuja-Sirup	für exotische Longdrinks und Cocktails
Melonen	püriert für Melon Kiss, zur Bowle, Garnitur für Longdrinks
Milch	Hot Milk Punch, alkoholfreie Mixgetränke
Minze	Garnierung für viele Mixgetränke
Muskat	Zugabe zu Flips und Cocktails
Nelken	heiße Getränke, Feuerzangenbowle
Öl	Prairie Oyster
Oliven	grüne Oliven mit Stein für Martini Cocktail
Orangen	Saft und Garnierung
Orangenbitter	Mixbitter zur Geschmacksabrundung
Orgeat/Orzata	franz./ital. Mandelsirups, vielfache Verwendung zum Mixen, für Mai Tai unentbehrlich
Pfeffer	Prairie Oyster, zum Würzen von Bloody Mary, Bull Shot, Cubanito usw.
Pfefferminzsirup	Perroquet, Tropical
Pfirsiche	zum Pürieren, Sangria, Bowle
Preiselbeersaft	Scarlett O'Hara, Tampico
Puderzucker	Marnissimo
Sahne	Flips, viele Cocktails und heiße Getränke
Salz	Salzrand am Glas für Margarita, Galliano Margarita, Salty Dog
Schokoladenraspel	auf die Sahnehaube bei heißen Getränken

Selleriesalz	zum Würzen von Bloody Mary, Bull Shot, Cubanito, Bloody Bull u.v.a.
Tabasco	Longdrinks mit Tomatensaft oder Consommé, Prairie Oyster
Worcestershire-Sauce	Verwendung wie Tabasco
Würfelzucker	Champagner-Cocktails, heiße Getränke und Old Fashioned's
Zimtsirup	Orangen Punch
Zimtstangen	heiße Getränke, Feuerzangenbowle, Sangria
Zitronen	Saft, Zugabe zu Longdrinks, Garnierung
Zuckersirup	unentbehrlich zum Mixen, Herstellung siehe alkoholfreie Mixgetränke

Praktische Tips fürs Mixen

So geheimnisvoll das Hantieren eines Bar-Profis auch aussieht, es beschränkt sich auf vier, in sich aber grundverschiedene Zubereitungsarten.
Mixgetränke werden entweder durch Schütteln im Shaker, im Elektromixer, durch Rühren im Mixglas oder durch direktes Anrichten im Trinkglas zubereitet.
Grundsätzlich werden sämtliche Mischungen, die Säfte enthalten, geschüttelt. (Ausnahme ist der Tomatensaft: eine hierbei entstehende Schaumkrone wäre dem Aussehen des Drinks abträglich.)
Gerührt werden alle Mischungen, die aus Vermouth, Spirituosen, Likören usw. bestehen und nach Zubereitung klar bleiben.
Vor Beginn des Mixens müssen sämtliche benötigten Zutaten griffbereit sein.
Beim Schütteln gibt man zuerst das Eis in den Unterteil des Shakers, gießt eventuell angesammeltes Schmelzwasser ab und gibt die Zutaten, entsprechend der Rezeptur, beginnend mit Sirup, Säften, Sahne usw. dazu.
Kohlensäurehaltige Getränke wie Tonic Water, Sekt, Sodawasser oder Cola niemals mitschütteln! Sie werden nur zum Auffüllen der bereits in Trinkgläser abgeseihten Cocktails verwendet.
Für Anfänger (und auch Profis) empfiehlt sich diese Reihenfolge, da bei Verwechslungen oder falschen Abmessungen der Schaden ohne große Verluste durch Neubeginn zu beheben ist:
Der geschlossene Shaker wird in waagrechter Haltung in Schulterhöhe kräftig vom Körper weg und wieder zum Körper hin geschüttelt. So ist der Kühlweg am längsten und die Wirkung am intensivsten.
Geschüttelt wird je nach Art der Drinks verschieden lang. Es richtet sich zum Teil nach Größe und Festigkeit der Eiswürfel, aber auch nach Menge und Art des Inhalts.
Flips und Sahnegetränke sollten nicht verwässern. Bei Cocktails mit Sirup und Säften erzeugt richtiges Schütteln außer der Kühlung und guten Vermischung eine Schaumkrone, die jeden Drink appetitlicher aussehen läßt. Mischungen, die mit Sodawasser oder Limonaden aufgefüllt werden, schadet ein langes Schütteln und die Abgabe von Schmelzwasser keinesfalls.
Nach dem Schütteln wird der Shaker abgesetzt. Dies geschieht beim klassischen zweiteiligen Metallshaker mit dem größeren Unterteil, beim Boston-Shaker mit dem Metalloberteil, da dieses größer als der Glasteil ist. Dadurch ist auch im Gegensatz zum Metallshaker, dessen Kopfteil zum Schließen nach innen eingesetzt wird, ein Füllen des Glasteils bis zum Rand möglich. Nach dem Schütteln gießt man mit Hilfe des Barsiebs die Drinks in die vorbereiteten Gläser und garniert, wenn erforderlich, mit Früchten. Das Barsieb hat die Aufgabe, das verbliebene Eis im Shaker zurückzuhalten.
Bei der Zubereitung im Elektromixer gelten die gleichen Regeln wie beim Schütteln. Hier ersetzt die Maschine die körperliche Tätigkeit, zerstört aber auch die Atmosphäre, die durch die Zubereitung von geschüttelten Cocktails entsteht. Der Anwendungsbereich des Elektromixers sollte sich auf das Pürieren von Früchten und auf die Zubereitung von Cocktails, die feste Creams enthalten, beschränken.
Beim Rühren von Cocktails im Mixglas wird im Grunde wie beim Shaken vorgegangen. Also trockene Eiswürfel verwenden oder eventuelles Schmelzwasser abgießen, mit Mixbitter, Sirup, Vermouth usw. beginnen und am Schluß die teureren Zutaten wie Spirituosen und Liköre dazugeben.
Dann wird mit dem Barlöffel schnell und kräftig gerührt, am besten spiralförmig von oben nach unten. Durch das Barsieb wird abgeseiht. Für Short-Drinks wie z.B.. Martini Cocktail oder Manhattan empfiehlt es sich, tiefgekühlte Gläser zu verwenden. Für Cocktails, die im Trinkglas angerichtet werden (z.B.. Champagner Cocktail, Old Fashioned, Irish Coffee oder Caipirinha), gibt es kein festes Grundrezept. Die Zubereitung ist jeweils verschieden und bei den Rezepten angegeben.
Als wichtigste Regel für alle Zubereitungsarten gilt: Alle Cocktails (natürlich nicht die Hot Drinks) müssen eiskalt sein, denn nichts ist schlimmer als ein lauwarmer Drink.
Um die Frage der Zubereitungsart leichter zu gestalten, sind den Mix-Rezepten die hier abgebildeten Symbole zugeordnet.

Die große Familie der Cocktails

Grundrezepte und ihre Herstellung

Im weiteren Sinne bezeichnet man alle Mixgetränke als Cocktails. Man unterscheidet jedoch mehr als dreißig Untergruppen. Die wichtigsten werden hier vorgestellt:

Cocktails
Der klassische Cocktail gehört in die Kategorie der Short-Drinks. Dies sind kurze, alkoholstarke Getränke.
Sie werden in Before- und After-Dinner-Drinks unterteilt.

Before-Dinner-Drinks
Diese Kategorie umfaßt alle trockenen Mischungen, d.h. solche, die keine oder nur wenige süße Zutaten enthalten. Man trinkt sie vor dem Essen zur Anregung des Appetits. Die bekanntesten dieser Art sind der *Martini Cocktail* und der *Manhattan*. Sie entsprechen jedoch mehr dem amerikanischen Geschmack. Viele der den jeweiligen Getränkearten zugeordneten Drinks eignen sich zum Genuß vor dem Essen. Sie sind im Register unter der Rubrik *„Before-Dinner-Drinks"* zusammengefaßt.

After-Dinner-Drinks
Hierzu zählen die Short-Drinks, die Sirups, süße Liköre oder Sahne in größeren Anteilen enthalten. Sie werden nach Abschluß des Essens getrunken und sollen die Verdauung fördern. Außer den Klassikern wie *Brandy Alexander, B and B* oder *Rusty Nail* zählen heute im weitesten Sinn auch Sours, Flips oder Hot Drinks wie z.B. Irish Coffee dazu.
Alle Drinks, die sich zum Genuß nach dem Essen eignen, sind ebenfalls im Register in der Rubrik *„After-Dinner-Drinks"* zusammengefaßt.
Die Grenze bei der Einteilung in Before- oder After-Dinner-Drinks ist schwer zu ziehen. Man sollte grundsätzlich Herbes vor und Süßes nach dem Essen zu sich nehmen. Je nach persönlichem Geschmack eignen sich manche Cocktails für beide Anlässe. Während des Essens trinkt man keine Mixgetränke.

Champagner-Cocktails
Die Möglichkeiten, die Champagner beim Mixen bietet, sind groß.
Champagner eignet sich – ob leicht aromatisiert, mit Säften und Fruchtpürees oder in Verbindung mit Spirituosen und Likören – je nach Zusammensetzung für viele Gelegenheiten vom frühen Morgen bis in die späten Abendstunden. Je nach Geschmacksintensität, Spritzigkeit und Alkoholstärke trinkt man Champagner-Cocktails zum zweiten Frühstück, als Aperitif zum Lunch, zur Cocktailstunde am späten Nachmittag genauso wie als Before- oder After-Dinner-Drink am Abend.
Die Verwendung von gut gekühltem Champagner der Geschmacksrichtung „Brut" oder „Extra Dry" ist eine wichtige Voraussetzung für das Gelingen.
Deutsche Hersteller bieten hervorragende trockene Sektsorten an, mit denen sich der Champagner im Cocktail ohne weiteres ersetzen läßt.
Im fachlichen Bereich werden diese Cocktails als Sekt-Cocktails bezeichnet.

Aperitifs
Als Aperitif (von lateinisch aperire = öffnen) bezeichnet man Getränke, die vor dem Essen genossen werden. Man unterscheidet hierbei weinhaltige Aperitifs, anishaltige Spirituosen sowie Bitter-Aperitifs und -Mixgetränke (Before-Dinner-Drinks). Zu den weinhaltigen Aperitifs zählen auf Weinbasis hergestellte Marken wie z.B. Dubonnet, Rossantico und Picon, die Vermouths, aber auch die trockenen Sorten von Südweinen wie Sherry und Port. Von den anishaltigen Spirituosen sind Pernod, Ricard und Ouzo die bekanntesten Vertreter.
Zu den Bitter-Aperitifs zählen Campari und Cynar. Die jeweiligen Zubereitungsmöglichkeiten finden Sie bei den Stichworten.

Longdrinks
Anstelle der früheren klassischen Unterteilung in unzählige Untergruppen werden heute als Longdrinks alle diejenigen Getränke bezeichnet, die eine größere Flüssigkeitsmenge aufweisen.
Zu den bekanntesten zählen die einfachen und schnell herzustellenden Mischungen wie Gin/Wodka mit Tonic Water oder Bitter Lemon, Rum mit Cola, Whisky mit Soda oder Ginger Ale und viele weitere Spirituosen und Likö-

Die große Familie der Cocktails

re in Verbindung mit Limonaden oder Säften.
Hierzu gibt man in ein hohes Glas einige Eiswürfel, 4 cl der gewünschten Spirituose bzw. des Likörs und füllt mit Soda, Cola, Limonade oder Saft auf.
Die Palette der gemixten Longdrinks umfaßt ungezählte Mischungen und Geschmacksrichtungen durch Verwendung von Sirups, Creams, Säften, Likören und Spirituosen. Sehr beliebt sind exotische Mischungen auf Rum-Basis.
Longdrinks sind die idealen Getränke für Parties, geselliges Beisammensein und lange Nächte.
Um eine bessere Abgrenzung im Rezeptteil zu erzielen, sind alle Longdrinks der jeweiligen Spirituose zugeordnet. Viele Möglichkeiten zeigen sich im Rezeptteil bei *„Schweppes"*.

Fizzes
Der Fizz hat seit langer Zeit einen festen Platz auf jeder Getränkekarte. Wenn auch die große Gin-Fizz-Ära vorbei ist, so soll dieser Getränkegruppe jedoch Referenz erwiesen werden. Fizzes bestehen wie die Sours in der Regel aus einer Spirituose, Zitronensaft und Zuckersirup. Sie werden im Shaker lange und kräftig geschüttelt und in mittelgroßen Gläsern ohne Stiel unter Zugabe von Sodawasser serviert. Bei der Zubereitung ist ein ausgewogenes Verhältnis zwischen Zitronensaft und Zuckersirup für das Gelingen ausschlaggebend. Die Fizzes, die ohne Garnitur und den oft praktizierten Zuckerrand gemixt werden, sind beliebte Drinks, passend zu jeder Tageszeit.
(Siehe im Register *„Fizzes"*)

Collins
Der Collins weist eine nahe Verwandtschaft zum Fizz auf. Er wird jedoch im Longdrink-Glas auf Eiswürfeln unter Zugabe einer Zitronenscheibe und einer Cocktailkirsche angerichtet.
Collins zählen zu den Longdrinks und erfreuen sich als erfrischende Durstlöscher großer Beliebtheit.
(Siehe im Register *„Collins"*)

Flips
Flips sind bekömmliche, magenfreundliche Getränke, die sich zum Genuß zwischen den Mahlzeiten, vorzugsweise zum zweiten Frühstück und zum Fünf-Uhr-Tee, eignen.
Sie werden in der Regel unter Verwendung von Eigelb, Sahne und Zuckersirup hergestellt. Flips sollten mit großen, trockenen Eiswürfeln – um ein Verwässern zu verhindern – kurz und kräftig geschüttelt werden.
Man serviert Flips in mittelgroßen Stielgläsern oder Sektkelchen unter Zugabe einer Prise Muskatnuß.
(Siehe im Register *„Flips"*)

Fancy Drinks
Als Phantasie-Getränke bezeichnet man alle Mixgetränke, die auf Grund ihrer jeweils verschiedenen Zubereitungsart in keine Cocktailgruppe einzuordnen sind.
(Siehe im Register *„Fancy Drinks"*)

Sours
Sours sind relativ konzentrierte Getränke, denen der geschmacksprägende Zitronensaftanteil ihren Namen gab.
Der klassische Sour auf der Basis von Whisky muß sich heute seine Beliebtheit mit einer großen Anzahl von Spirituosen teilen. Verwendet werden viele destillierte Spirituosen wie Gin, Wodka, Rum, Tequila, Cognac, Weinbrand, Calvados usw., aber auch eine große Zahl von Likören.
Sours bestehen in der Regel aus der Basisspirituose, Zitronensaft und Zuckersirup, vereinzelt wird Orangensaft zugegeben.
Sie werden im Shaker geschüttelt und in kleinen Stiel- oder Fizzgläsern serviert. Als Garnitur gibt man eine halbe Orangenscheibe und eine Cocktailkirsche dazu.
Der Sour ist das ideale Getränk für Unentschlossene, eignet sich als Drink zwischendurch und zur Einstimmung für einen langen Abend.
(Siehe im Register *„Sours"*)

Alkoholfreie Mixgetränke
Ausführliches und Wissenswertes über diese Getränkegruppe findet sich im Rezeptteil (Seite 136 ff.).

Bowlen
Alles Wissenswerte über die beliebten Bowlen und ihre Zubereitung finden Sie im Rezeptteil (Seite 146 ff.).

Hot Drinks
Hot Drinks steht als Oberbegriff für heiße Getränke, deren bekanntester Vertreter „Irish Coffee" ist.
Vielerlei Spirituosen und Liköre eignen sich zum Genuß in Verbindung mit Kaffee, z.T. auch mit Tee, Schokolade oder heißem Wasser. Im weitesten Sinne zählt auch erhitzter Wein wie z.B. Glühwein, zu dieser Getränkekategorie.
(Siehe im Register *„Hot Drinks"*)

Verkorken von Hand bei Martell (Abb. Ende des letzten Jahrhunderts).

Portweinglas | Sherryglas | Likörglas (9) | Schnapsglas | Schwenker (7) | Pernodglas

Ballonglas (8) | Irish Coffee | Bowlenglas | Hitzebeständiges Glas (11) | Silberbecher | Metallkrug

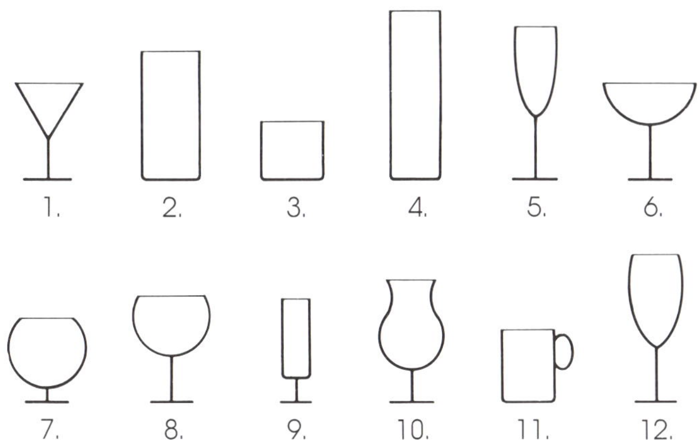

1. Klassisches Cocktailglas
2. Longdrinkglas
3. Old Fashioned/Tumbler
4. Großes Longdrinkglas
5. Stielglas für Sour und Flip
6. Cocktailschale
7. Schwenker
8. Ballonglas
9. Likörglas
10. Exotische Drinks/ Fantasie
11. Hitzebeständiges Glas
12. Champagnertulpe

Die Grafiksymbole der Gläser sind dem jeweiligen Rezept zugeordnet.

Fachausdrücke A–Z

Auf diesen Seiten werden oft benutzte Fachausdrücke und Etikettenaufschriften erklärt.
Die in Klammern angefügten Abkürzungen (e) für englisch, (f) für französisch, (i) für italienisch und (sp) für spanisch weisen auf den sprachlichen Ursprung hin.

After-Dinner-Drink (e)
In den USA gebräuchliche Bezeichnung für Getränke nach dem Essen.

Age inconnu (f)
Vorwiegend auf Calvados-Etiketten für „Alter unbekannt". Weist auf ein Alter von mindestens sechs Jahren für das jüngste Destillat hin.

Amaro (i)
Bezeichnung für bitter, Bitterspirituosen.

Amontillado (sp)
Meist halbtrockener, bernsteinfarbener Sherry.

Aperitif (f)
Von lat. aperire=öffnen. Bezeichnung für Getränke, die vor den Mahlzeiten zur Anregung des Appetits getrunken werden.

Balthasar
Riesenflasche Champagner mit 12 Liter-Inhalt (16 Normalflaschen).

Bas-Armagnac (f)
Auf Armagnac-Etiketten Hinweis auf die Anbauregion. Die besten Armagnacs kommen aus diesem Gebiet.

Before-Dinner-Drink (e)
Trockene, appetitanregende Getränke, die vor den Mahlzeiten getrunken werden.

Bl.
Abkürzung für Barlöffel in Rezepten, er faßt ca. 0,5 cl.

Blended (e)
Vermischt, vermengt, z.B. Blended Whisky. Mischung aus Grain- und Malt-Whisky.

Boston Shaker (e)
Zweiteiliger Schüttelbecher mit einem Metall- und einem Glasteil.

Brut (f)
Herb, naturherb im Sinne von nicht süß, extrem trocken. Bezeichnung für Champagner, wenn die Dosage (s.dort) zwischen 0-15 g/l liegt.

Champagner-Flaschengrößen

1/4 Flasche	0,2 l
1/2 Flasche	0,375 l
1/1 Flasche	0,75 l
Magnum	1,5 l
Jeroboam (Doppel-Magnum)	3,0 l
Rehoboam	4,5 l
Methusalem	6,0 l
Salmanasar	9,0 l
Balthasar	12,0 l
Nebukadnezar	15,0 l

Die gebräuchlichsten Handelsgrößen sind die 1/4- bis Doppel-Magnumflaschen. Einige Champagnerhäuser bieten in Deutschland alle Größen bis Salmanasar an.

Champagner-Geschmacksrichtungen
Mit der Dosage (s. dort) wird die Geschmacksrichtung der Champagner bestimmt. Es bedeuten:

Dosage zero – naturherb –	kein Zusatz
Brut – herb, naturherb –	Dosage 0-15 g/l
Extra Dry, Extra Sec – sehr trocken –	Dosage 12-20 g/l
Sec – trocken –	Dosage 17-35 g/l
Demi Sec – halbtrocken –	Dosage 33-50 g/l

Choice (e)
Steht auf Südwein- und Spirituosen-Etiketten für ausgewählt, auserlesen.

C.M. (f)
Diese Abkürzung findet man mit einer langen Kenn-Nummer auf Champagneretiketten. C.M. = Coopérative de Manipulants, d.h. Hersteller ist eine Winzergenossenschaft.

Copita (sp)
Typisches Sherryglas, es ähnelt einer Biertulpe en miniature.

Cordials (e)
Amerikanisch-englischer Sammelbegriff für Liköre.

cl
Maßangabe bei den Rezepten. 1 cl ist der hundertste Teil eines Liters. Ein kleines Schnapsglas faßt 2 cl.

Cream (e)
Beim Sherry Bezeichnung für einen tiefroten, süßen, fast cremigen Wein.

Crémant (f)
Champagner, dem zur zweiten Gärung weniger Zucker und Gärstoffe zugesetzt wurden. Der Crémant entwikkelt deshalb weniger Schaum und läßt die Eigenart seiner Grundweine besonders zur Geltung kommen.

Crème d .... (f)
Der Zusatz Crème bei Likören bedeutet besondere Süße, der Zuckergehalt liegt bei über 400 g/l.

Cuvée (f)
Faßmischung, bei Champagner und Sekt die Mischung von Weinen verschiedener Lagen und Jahrgänge.

Dash (e)
Steht bei Rezeptangaben für einen Spritzer Flüssigkeit (Abk.: d).

Degorgieren (f)
Das Enthefen beim Champagner und den nach der Methode Champenoise hergestellten Schaumweinen.

Dekantieren (f)
Das Umgießen von Weinen in Karaffen unter Abtrennung des Depots. Wird hauptsächlich bei alten Rot- und Portweinen angewandt.

Demi Sec (f)
Halbtrocken, Bezeichnung für halbtrockene Champagner mit einer Dosage von 33-50 g/l.

Depot (f)
Satz, Sediment – vor allem bei alten Rot- und Portweinen.

Digestif (f)
Getränke, die nach den Mahlzeiten getrunken werden. Cognac, Armagnac, Calvados, Liköre und Cocktails wie z.B.. Brandy Alexander, B and B und Irish Coffee eignen sich vorzüglich.

Dosage (f)
Dosage ist der Zusatz von in Wein gelöstem Zucker, der bei der Champagnerherstellung den beim Degorgieren entstandenen Flüssigkeitsverlust ausgleicht und die Geschmacksrichtung bestimmt.

Dry (e)
Französich *sec*, deutsch *trocken*. Beim Champagner der Hinweis auf die Dosage von 17-35 g/l. Im englischen Sprachgebrauch auch für trockene bzw. herbe Getränke.

Egrappé (f)
Wird für den aus Kelterrückständen destillierten Marc verwendet, wenn vor dem Keltern die Trauben entstielt wurden.

Extra Dry (e)
Bezeichnung beim Champagner für sehr trocken, mit einer Dosage von 12-20 g/l.

Fermier (f)
Häufig auf Calvados-Etiketten als Hinweis darauf, daß dieser – im Gegensatz zu industriell hergestellten Produkten – aus einer kleinen bäuerlichen Produktion stammt.

Fine (f)
In Frankreich gebräuchliche Bezeichnung für Cognac.

Fine Champagne (f)
Bei Cognac Bezeichnung für eine Mischung von Destillaten der beiden besten Gebiete Grande Champagne und Petite Champagne mit mindestens 50% Grande-Champagne-Anteil.

Fino (sp)
Die trockenste Sherry-Sorte.

Frappé (f)
Geschlagen. Meist im Zusammenhang mit Likören, wenn diese auf kleingeschlagenem Eis serviert werden.

Gallone (e)
Flüssigkeitsmaß. Die englische Gallone = 4,54 l, die US-Gallone = 3,78 l.

Glen (e)
Bergschlucht, Tal. Bestandteil vieler schottischer Malt-Whisky-Markennamen.

Grande Champagne (f)
Kernzone des Cognac-Gebietes (Charente), aus der die besten zur Cognac-Destillation verwendeten Weine stammen.

Haut Armagnac (f)
Herkunftshinweis auf Armagnac-Etiketten für Destillate dieser Region.

Hors d'Age (f)
Auf den Flaschenetiketten von Armagnac, Cognac und Calvados. Es ist ein Hinweis auf das Alter des Produktes. Der jüngste Bestandteil muß mindestens sechs Jahre im Eichenholzfaß gelagert worden sein.

Infusion
So wird das Verfahren genannt, bei dem aromatische Substanzen wie Kräuter und Gewürze in Alkohol eingelegt und destilliert werden.

Jeroboam
Bezeichnung für eine Doppel-Magnum Champagner mit 3 Liter Inhalt.

M. A. (f)
Diese Abkürzung findet man mit einer langen Kenn-Nummer auf Champagner-Etiketten. Sie weist auf eine Nebenmarke oder Spezialabfüllung des Herstellers hin.

Magnum
Doppelflasche Champagner mit 1,5 Liter Inhalt.

Manzanilla (sp)
Besonders leichter und trockener Sherry, der nur in den Bodegas von Sanlucar de Barrameda reift.

Mazeration
Auslaugung. Ein Verfahren, bei dem

die aromatischen Substanzen für die Spirituosenherstellung mit Alkohol aus den Grundstoffen ausgelaugt werden.

Methusalem
Übergroße Champagnerflasche mit 6 Litern Inhalt, entspricht acht Normalflaschen.

Millésime (f)
Mit Jahresangabe

Mist (e)
Nebel. In England, Irland und den USA Bestandteil von Spirituosen- und Cocktailnamen.

Napoleon (f)
Auf Cognac-, Armagnac- und Calvados-Etiketten ein Altershinweis. Der jüngste Bestandteil muß mindestens sechs Jahre Lagerzeit im Eichenholzfaß aufweisen.

Nebukadnezar
Übergroße Champagnerflasche mit 15 Liter Inhalt, entspricht 20 Normalflaschen.

N.M. (f)
Abkürzung für *Negociant Manipulant.* Findet sich auf Champagner-Etiketten mit einer langen Kenn-Nummer. Es besagt, daß ein Champagner-Haus Hersteller ist.

Oloroso (sp)
Wohlriechend. Trockene bis leicht süße Sherry-Geschmacksrichtung.

on the rocks (e)
Spirituosen oder Liköre, die nur auf Eiswürfeln serviert werden.

Pays d'Auge (f)
Herkunftsbezeichnung beim Calvados. Produkte aus dem Auge-Tal gelten als die besten.

Proof (e)
Früher in Großbritannien, Kanada und den USA zur Angabe des Alkoholgehalts verwendete Bezeichnung. Ein Proof entsprach in Großbritannien 0,5715 Vol.%, in Kanada und den USA 0,5 Vol.%.
z.B. 80 US-Proof = 0,5 Vol% x 80= 40 Vol.%.
75 engl. Proof= 0,5715 Vol.% x 75= 43 Vol.%

Rehoboam
Übergroße Champagnerflasche mit 4,5 Liter-Inhalt, entspricht sechs Normalflaschen.

R.M. (f)
Abkürzung für *Récoltant Manipulant.* Findet sich auf Champagner-Etiketten mit einer langen Kenn-Nummer als Hinweis, daß diese Marke von einem Champagner-Winzer hergestellt wird.

Salmanasar
Übergroße Champagnerflasche mit 9 Liter-Inhalt, entspricht zwölf Normalflaschen.

Sauvage (f)
Wildwachsend, unkultiviert. Findet sich hauptsächlich bei französischen Obstdestillaten, z.B.. Framboise sauvage = Himbeergeist aus wild wachsenden Himbeeren.

Sec (f)
Trocken. Geschmacksbezeichnung für Champagner mit einer Dosage von 17-35 g/l, nach deutschen Begriffen eher zu den süßen als den trockenen Champagnern zählend.

Single Malt (e)
Bei schottischem Malt-Whisky Zusatz auf Etiketten für „unverschnittenes Produkt eines Destillationsvorganges„.

Sour Mash (e)
Verfahren zur Einleitung der Gärung bei Bourbon-Whiskey (s.dort).

Straight (e)
Auf Etiketten von Bourbon-Whiskey. Es bedeutet reiner, unverschnittener Bourbon.

Sweet Mash (e)
Selten benutztes Verfahren zur Einleitung der Gärung bei Bourbon-Whiskey (s.dort).

Triple Sec (f)
Dreifach trocken, z.B.. bei Curaçao-Likören.

Tumbler (e)
Dickwandiges Becherglas, Whiskyglas.

Twist of... (e)
Hauptsächlich mit „Lemon Peel". Mit Peel wird ein größeres Stück Zitronen- oder Orangenschale bezeichnet, das zum Aromatisieren über dem Getränk ausgepreßt wird.

Uisge Beatha (e)
Gälisch für *Wasser des Lebens.* Davon leitet sich der Name Whisky ab.

Unblended (e)
Unvermischt (hauptsächlich auf Etiketten von schottischem Malt-Whisky).

Vecchia (i)
Bei Spirituosen für *alt* bzw. *lange Lagerung.*

Vénérable (f)
Ehrwürdig. Auf Spirituosen-Etiketten Hinweis auf lange Lagerung.

Vieux, Vieil, Vieille (f)
Alt. Bezeichnung bei Armagnac, Calvados und Cognac für eine Lagerzeit von mindestens sechs Jahren für den jüngsten Bestandteil der Spirituose.

Vintage (e)
Eigentlich Weinlese. Auf Etiketten von Champagner, Portwein und Madeira für Jahrgangsgewächse verwendet.

V.S.O.P. (e)
V.=very, S.=superior, O.=old, P.=product.
Bei Cognac, Armagnac und Calvados Hinweis auf eine Lagerzeit von mindestens fünf Jahren für den jüngsten Bestandteil.
Bei deutschem Weinbrand ist ein Jahr Lagerzeit vorgeschrieben.

X.O. (e)
Abkürzung für *extra old.* Bei Cognac und Armagnac steht X.O. wie Napoléon, Vieux, Hors d'Age usw. für eine Lagerzeit von sechs Jahren für den jüngsten Bestandteil.

Faßlagerung bei Martell Cognac ▶

Mischplan für Mixgetränke

In dieser Tabelle sind die am häufigsten verwendeten Spirituosen, Liköre und Zutaten nach ihrer Verwendbarkeit geordnet. Es wurden in erster Linie die Mix-Rezepte dieses Buches berücksichtigt.
Ausnahmen bestätigen jedoch die Regel. Grundsätzlich ist es empfehlenswert, nicht zu viele verschiedene Alkoholika in einem Drink zu verwenden und beim Genuß unterschiedlicher Mixturen bei einer Geschmacksrichtung, also Rum, Gin, Wodka usw., zu bleiben.
Auf keinen Fall sollte man verwandte Produkte wie Weinbrand/Cognac, Scotch/Bourbon, Portwein/Sherry oder Gin und Wodka miteinander mischen, da dies geschmacklich keinen Vorteil bringt.
Hocharomatische Produkte sollten zur Basis eines Drinks dienen und nur mit geschmacksarmen, farblosen Spirituosen wie Rum, Gin, Wodka oder Tequila verstärkt werden. Stark alkoholhaltige, süße oder aromatische Zutaten lassen sich mit gegenteiligen Geschmacksrichtungen entschärfen.
Im Rezeptteil finden Sie bei den meisten Produkten einen Hinweis auf weitere Mix-Möglichkeiten.

MISCHPLAN	Vermouth	Campari	Pernod	Champagner/Sekt	Gin	Wodka	Rum	Tequila	Cognac/Weinbrand	Whisky	Cointreau/Curaçao	Grand Marnier	Galliano	Amaretto	Malibu	Apricot Brandy	Crème de Bananes	Kaffeelikör	Kirschlikör	Fruchtsäfte	Limonaden	Cola	Cream of Coconut	Sirups	Kaffee	Sahne	Eier
Vermouth	■	1	–	–	1	1	–	–	–	1	–	–	–	–	0	0	0	0	–	–	0	0	0	–	0	–	–
Campari	1	■	0	1	1	1	0	0	0	0	1	0	0	0	0	0	0	0	0	1	1	0	1	1	0	1	1
Pernod	–	0	■	0	–	–	0	0	0	0	–	0	0	0	0	0	0	0	0	1	1	1	–	1	0	1	1
Champagner/Sekt	–	1	0	■	–	0	–	0	1	–	1	1	0	0	0	–	–	0	–	1	0	0	0	–	0	–	–
Gin	1	1	–	–	■	0	0	0	0	0	1	1	–	–	–	1	1	0	1	1	1	1	1	1	0	1	1
Wodka	1	1	–	0	0	■	0	0	0	0	1	1	1	1	1	1	1	1	1	1	1	1	1	1	0	1	1
Rum	–	0	0	–	0	0	■	0	0	0	1	1	1	1	1	1	1	1	1	1	1	1	1	1	1	1	1
Tequila	–	0	0	0	0	0	0	■	0	0	1	1	1	1	1	1	1	1	1	1	1	1	1	1	1	1	1
Cognac/Weinbrand	–	0	0	1	0	0	0	0	■	0	1	1	1	1	1	1	1	1	1	1	–	1	0	–	1	1	1
Whisky	1	0	0	–	0	0	0	0	0	■	1	–	–	1	–	–	–	–	1	1	1	1	0	–	1	1	1
Cointreau/Curacao	–	1	–	1	1	1	1	1	1	1	■	0	1	0	–	–	–	–	–	1	1	–	1	1	1	1	1
Grand Marnier	–	0	0	1	1	1	1	1	1	–	0	■	–	0	0	–	–	0	0	1	1	0	0	0	1	1	–
Galliano	–	0	0	0	–	1	1	1	1	–	1	–	■	–	0	–	–	–	–	1	0	0	1	0	1	1	–
Amaretto	–	0	0	0	–	1	1	1	1	1	0	0	–	■	–	–	–	–	–	1	0	0	1	–	1	1	–
Malibu	0	0	0	0	–	1	1	1	1	–	–	0	0	–	■	–	–	–	–	1	1	0	1	–	1	1	–
Apricot Brandy	0	0	0	–	1	1	1	1	1	–	–	–	–	–	–	■	–	–	–	1	–	0	–	–	–	1	1
Creme de Bananes	0	0	0	–	1	1	1	1	1	–	–	0	–	–	–	–	■	–	–	1	–	0	1	1	–	1	1
Kaffeelikör	0	0	0	0	0	1	1	1	1	–	–	–	–	–	–	–	–	■	–	1	0	0	–	0	1	1	–
Kirschlikör	–	0	0	–	1	1	1	1	1	1	–	0	–	–	–	–	–	–	■	1	1	–	1	–	0	1	1
Fruchtsäfte	–	1	1	1	1	1	1	1	1	1	1	1	1	1	1	1	1	1	1	■	1	–	1	1	0	1	1
Limonaden	0	1	1	0	1	1	1	1	–	1	1	1	0	0	1	–	–	0	1	–	■	0	0	1	0	0	0
Cola	0	0	1	0	1	1	1	1	1	1	–	0	0	0	0	0	0	0	–	0	0	■	0	0	0	0	0
Cream of Coconut	0	1	–	0	1	1	1	1	0	0	1	0	1	1	1	–	1	–	1	1	0	0	■	1	0	1	–
Sirups	–	1	1	–	1	1	1	1	–	–	1	0	0	–	–	–	1	0	–	1	1	0	1	■	0	1	1
Kaffee	0	0	0	0	0	0	1	1	1	1	1	1	1	1	1	–	–	1	0	0	0	0	0	0	■	1	1
Sahne	–	1	1	–	1	1	1	1	1	1	1	1	1	1	1	1	1	1	1	1	0	0	1	1	1	■	1
Eier	–	1	1	–	1	1	1	1	1	1	1	–	–	–	–	1	1	–	1	1	0	0	–	1	1	1	■

Die Ziffern in der Tabelle bedeuten:

1 = passen hervorragend zusammen
– = passen mit Einschränkungen zusammen, jedoch meistens nur in kleinen Mengen – nicht als Basis oder Geschmacksgeber.
0 = passen grundsätzlich nicht zusammen, nur seltene Ausnahmen.

Die Welt der Getränke

Wo finde ich was?

Den nachfolgend genannten Getränkegruppen ist – nach Produkten geordnet – ein warenkundlicher Teil angegliedert. Dieser bringt jeweils allerlei Geschichtliches und Wissenswertes sowie alles über die Verwendungsmöglichkeiten der Getränke.

Um die Getränkegruppen nicht auseinanderzureißen, wurde auf eine alphabetische Gliederung verzichtet. Sie beginnt mit Aperitifs und führt über weiße und braune Spirituosen, Liköre und Exoten zu alkoholfreien Getränken und Bowlen.
Die Mixrezepte sind der jeweiligen Getränkegruppe zugeordnet, auf weitere Verwendungsmöglichkeiten wird hingewiesen.

Weinhaltige Aperitifs

Der französische Begriff „Aperitif" stammt vom lateinischen aperire = öffnen.
Nach dem heutigen Sprachgebrauch sind Aperitifs alkoholische Getränke, die man in der Regel vor dem Essen als Magenöffner oder als Appetitanreger genießt.
Der Aperitif hat die Aufgabe, die Geschmacksnerven anzuregen, den Magen auf kommende Genüsse einzustimmen, den Menschen zu entspannen und die Wartezeit bis zum Essen zu überbrücken.
Nach der Herstellungsart unterscheidet man zwei große Gruppen: Aperitifs auf Wein- und auf Alkoholbasis.
Zur ersten Gruppe zählen Vermouth sowie weinhaltige Aperitifs wie Dubonnet, Rossantico und Picon, aber auch Champagner, Sekt, Portwein und Sherry (siehe dort). Grundsätzlich werden diese Aperitifs gekühlt bzw. unter Zugabe einiger Eiswürfel getrunken. Man serviert sie im Südweinglas mit einer Zitronenschale, die zuvor darüber ausgedrückt worden ist. Vielfach wird mit Sodawasser aufgefüllt.
Bereits Ende des 18. Jahrhunderts produzierte die Turiner Firma Carpano erstmals in größerem Ausmaß Vermouth-Wein aus Moscato d'Asti unter Zusatz von reinem Alkohol, aromatischen Kräutern und Zucker.
Seit jener Zeit ist Turin als Zentrum der Vermouth-Wein-Herstellung zum Begriff geworden. Der Vino di Torino ist heute führend und charakteristisch für einen ganz bestimmten Vermouth-Typ. Er hält im Weltumsatz die Spitzenposition.
Die bekanntesten Hersteller wie Martini, Cinzano und Stock bieten die Sorten Bianco, Rosso, Rosé und Dry an.
Der berühmte Carpano „Punt e Mes" weist eine leichte Bitternote auf.
Der führende französische Vermouth Noilly Prat „Extra Dry" wird in Marseille seit 1813 hergestellt und gilt weltweit als König der trockenen Vermouth-Weine.
Ebenfalls aus Frankreich stammen Dubonnet und Picon. Dubonnet wird aus roten und weißen Weinen hergestellt. Den speziellen Geschmack verdankt Dubonnet dem Zusatz einer Gewürzmischung.
Grundlage von Picon sind Weine der Rebsorten Muscat und Clairette. Der Most dieser Trauben wird mit Alkohol angereichert und damit die Gärung unterbrochen. Dazu kommen dann Wermutkräuter, die dem Picon seinen typischen Geschmack geben.
Der italienische Aperitivo „Rossantico" des Hauses Buton verdankt seinen unverwechselbaren Geschmack einer Komposition von erlesenen Weinen mit den Extrakten von über dreißig Kräutern.
Die Gruppe der Aperitifs auf Alkoholbasis kann unterteilt werden in Bitter-Aperitifs, anishaltige Aperitifs und Before-Dinner-Drinks.
(Siehe Aperol, Campari und Anisgetränke Seite 28 ff., sowie Before-Dinner-Drinks im Register.)

Vermouth Cassis
4 cl Vermouth Dry
2 cl Creme de Cassis
Sodawasser

Vermouth und Cassis mit Eiswürfeln in ein Longdrinkglas gießen, mit Sodawasser auffüllen und leicht verrühren. Mit einer Zitronenschale abspritzen und diese mit ins Glas geben.

Dubonnet Fizz
5 cl Dubonnet
1 cl Kirschlikör/Cherry Brandy
4 cl Orangensaft
2 cl Zitronensaft
Sodawasser

Die Zutaten – ohne Sodawasser – mit Eiswürfeln im Shaker lange und kräftig schütteln, in ein Longdrinkglas abseihen und mit etwas Sodawasser auffüllen.

Kir Cassis
10 cl weißer Burgunder
1 cl Crème de Cassis

Den Cassis in ein hohes Stielglas geben und mit kaltem Burgunder auffüllen.

Kir Framboise
10 cl weißer Burgunder
1 cl Liqueur de Framboise

Zubereitung wie *Kir Cassis.*

Kir Royal
10 cl trockener Champagner
1 cl Crème de Cassis.

Zubereitung wie *Kir Cassis.*

Vermouth Cassis

Kir Royal

Dubonnet Cocktail
3 cl Dubonnet Rouge
3 cl Gin

Die Zutaten in ein mit Eiswürfeln gefülltes Rührglas geben, gut vermischen und in ein gekühltes Cocktailglas abseihen. Mit einer Zitronenschale abspritzen.

Bentley
3 cl Dubonnet Rouge
3 cl Calvados

Zubereitung wie *Dubonnet Cocktail.*

Perfect Cocktail
2 cl Vermouth Dry
2 cl Vermouth Rosso
2 cl Gin

Zubereitung wie *Dubonnet Cocktail.*

Rose
3 cl Vermouth Dry
3 cl Kirschwasser
Grenadine

Vermouth und Kirschwasser im Rührglas mit Eiswürfeln gut vermischen. Während des Rührens Grenadine vorsichtig einfließen lassen, bis der Drink roséfarben ist. In eine gekühlte Cocktailschale abseihen und eine Cocktailkirsche dazugeben.

Wedding Bells
2 cl Dubonnet
2 cl Gin
2 cl Kirschlikör/Cherry Brandy
2 cl Orangensaft

Die Zutaten mit Eiswürfeln schütteln und in ein Stielglas abseihen.

Was Sie mit Vermouth und Dubonnet noch mixen können:

Aperol

Aperol, der klassische italienische Aperitif, kommt aus der norditalienischen Stadt Padua. Die Tradition der Spirituosenherstellung reicht in dieser Stadt bis weit in das vorige Jahrhundert zurück.
Es war im Jahr 1880, als Giuseppe Barbieri, ein junger Kaufmann, dort seine Likörfirma gründete und den Grundstein für eines der fortschrittlichsten Unternehmen seiner Branche legte.
Mit wachsendem Erfolg stellte er Mandarinen- und Orangenliköre her, aber vor allem den für die Provinz Padua typischen Eierlikör.
1919 wurde in Padua die erste internationale Mustermesse veranstaltet. Auf dieser Messe stellten Silvio und Luigi, die Söhne des Firmengründers, ein neues Produkt unter dem einprägsamen Namen Aperol vor.
Dieser orangerote Aperitif, hergestellt aus Rhabarber, Chinarinde, Enzian, Bitterorangen, aromatischen Kräutern und Alkohol war in jeder Hinsicht ein Novum. Anders als es den damaligen Trinkgewohnheiten entsprach, war Aperol – und ist es auch heute noch – ein Produkt mit niedrigem Alkoholgehalt. Mit seinen 11% Vol., der intensiv leuchtenden Farbe und einem harmonisch-bittersüßen Geschmack eroberte sich der Aperol sehr bald das italienische Publikum.
Heute hat Aperol mit fünf Millionen Flaschen im Jahr eine führende Position auf dem italienischen Markt.
Aperol trinkt man pur, auf Eis oder mit Soda. Aber er ist auch eine beliebte Grundlage für viele Mixgetränke, weil seine Geschmackskomponenten – bitter bis süß – mit vielen Zutaten wie Orangen- oder Grapefruitsaft, Champagner oder Sekt und vielerlei Spirituosen harmonieren.

Italian Gipsy
4 cl Aperol
4 cl Orangensaft
trockener Sekt

Aperol und Orangensaft in einen hohen Sektkelch geben und mit kaltem Sekt auffüllen.

Donatello
4 cl Aperol
2 cl Wodka
1 cl Carpano Punt e Mes

Die Zutaten in ein mit Eiswürfeln gefülltes Rührglas gießen, gut umrühren und in ein gekühltes Cocktailglas abseihen. Mit einer Orangenschale abspritzen und diese ins Getränk geben.

Aperol '86
2 cl Aperol
2 cl Cointreau
2 cl Vermouth Dry

Zubereitung wie *Donatello.* Mit einer Erdbeere garnieren.

Shaft
3 cl Aperol
3 cl Gin
trockener Sekt

Aperol und Gin in ein Longdrinkglas mit Eiswürfeln geben und mit kaltem Sekt auffüllen. Mit einer Zitronen- oder Orangenscheibe garnieren.

Ortensia
2 cl Aperol
3 cl Scotch Whisky
2 cl Vermouth Rosso

Zubereitung wie *Donatello.* Eine Cocktailkirsche dazugeben.

Bologna
2 cl Aperol
2 cl Gin
2 cl Vermouth Dry

Zubereitung wie *Donatello.* Mit einer Zitronenschale abspritzen.

Nadris
4 cl Aperol
2 cl Gin
4 cl Orangensaft

Die Zutaten im Shaker mit Eiswürfeln gut schütteln und in eine Cocktailschale abseihen.

Imperial Cocktail
4 cl Aperol
2 cl Gin
4 cl Zitronensaft

Zubereitung wie *Nadirs.*

Olympia
2 cl Aperol
3 cl Gin
1 cl Zuckersirup
2 cl Zitronensaft

Zubereitung wie *Nadirs.* Mit einer Cocktailkirsche garnieren.

Francis
4 cl Aperol
3 cl Gin
3 cl Grapefruitsaft
Bitter Lemon

Die Zutaten – ohne Bitter Lemon – mit Eiswürfeln im Shaker gut schütteln und in ein Longdrinkglas auf einige Eiswürfel abseihen. Mit Bitter Lemon auffüllen, leicht rühren und mit einer Zitronenscheibe garnieren.

Florida '86
4 cl Aperol
2 cl Gin
4 cl Grapefruitsaft
1 Spritzer Angostura
Tonic Water

Zubereitung wie *Francis.* Mit einer Cocktailkirsche, Kiwi- und Orangenscheibe garnieren.

Aperol Sour
4-6 cl Aperol
2 cl Zitronensaft
1 cl Zuckersirup

Im Shaker mit Eiswürfeln gut schütteln und in ein Stielglas abseihen. Mit einer halben Orangenscheibe und einer Cocktailkirsche garnieren.

Florida '86

Italian Gipsy

Campari

Die Erfindung des roten Kräuterlikörs mit dem unverwechselbaren Geschmack fällt in das Jahr 1862. Zu diesem Zeitpunkt wurde das Getränk erstmals den Gästen im Mailänder Café-Restaurant „Camparino" präsentiert.
Bis heute liegt der Campari Bitter-Produktion das Original-Rezept zugrunde, dessen Erfolg insbesondere von der exakten Dosierung und sorgfältigen Zubereitung der einzelnen Zutaten abhängt. Die Mischung aus Kräutern, Wurzeln und Früchten wird in heißem destillierten Wasser aufgeweicht, anschließend mit reinem Alkohol versetzt und in mehreren Filtergängen von Trübstoffen befreit. Die halbfertigen und später abfüllbereiten Produkte werden in mit Glas ausgekleideten Großbehältern aufbewahrt. Dadurch sind schon im Stadium der Reife und Lagerung die gleichen Bedingungen geschaffen wie später in der Flasche. Das über ein Jahrhundert alte Gebot, nur natürliche Ingredienzien für die Campari Bitter-Herstellung zu verwenden, beherzigt man bei Campari noch heute. So ist für die charakteristische Farbgebung der natürliche Farbstoff Cochenille verantwortlich, der bereits von den Inkas in Südamerika genutzt und von den Spaniern nach Europa gebracht wurde. Natürliche Rohstoffe, moderne Produktionsanlagen sowie strenge Kontrollanalysen während aller Produktionsstufen garantieren einen gleichbleibend hohen Qualitätsstandard.
Campari wirkt durch seine bitteren Kräuterextrakte appetitanregend und ist in vielen Darreichungsvarianten ein hervorragender Aperitif. Zu den klassischen Campari-Cocktails zählen Campari Americano und Campari Negroni. Sie sind unkompliziert zu mixen und wegen ihrer aufregenden Farbgebung und des unvergleichlichen Geschmacks stets zu empfehlen. Aufgrund ihres niedrigen Alkoholgehaltes sind die klassischen Campari-Longdrinks zu fast jeder Tageszeit ein Genuß. Erfrischend-spritzig sind Campari Soda und Campari Tonic. Fruchtig-exotisch der Campari mit Orangensaft oder Maracujanektar.
Campari Soda mischt man stets mit Sodawasser und nicht mit Tafel- oder Mineralwasser. Auf die Zugabe von Zitronenscheiben sollte man verzichten, denn diese verfälschen den Geschmack. Statt dessen empfiehlt sich die Verwendung von Orangenscheiben oder- schalen.
Campari Soda gibt es jetzt auch fertig gemischt (10% Vol.), in der in Italien schon lange bekannten charakteristischen kleinen Flasche. Diese serviert man immer eisgekühlt, ohne Eiswürfel und weitere Zutaten.

Americano
3 cl Campari
3 cl Vermouth Rosso
Sodawasser

Campari und Vermouth mit Eiswürfeln in ein Longdrinkglas geben, mit Sodawasser auffüllen und leicht umrühren. Mit einem Stück Orangenschale abspritzen und diese mit ins Getränk geben.

Negroni
2 cl Campari
2 cl Vermouth Rosso
2 cl Gin
Sodawasser

Zubereitung wie *Americano.*

Campari Orange
4 cl Campari
Orangensaft

Campari in ein Longdrinkglas mit Eiswürfeln gießen und mit Orangensaft auffüllen. Mit einer Orangenscheibe garnieren.

Campari Maracuja
4 cl Campari
Maracujanektar

Campari in ein Longdrinkglas mit Eiswürfeln gießen und mit Maracujanektar auffüllen. Mit einem Maracujastück oder einer Orangenscheibe garnieren.

Campari Blossom
4 cl Campari
4 cl Orangensaft
Champagner oder Sekt

Campari und den Orangensaft in ein Longdrinkglas mit Eiswürfeln gießen und mit Campagner oder Sekt auffüllen. Mit einer Orangenscheibe garnieren.

Campari Cup
3 cl Campari
2 cl Gin
Orangen-, Grapefruit-, Maracuja- oder Ananassaft

Campari und Gin auf Eiswürfel in ein Longdrinkglas gießen und mit Fruchtsaft auffüllen. Mit einer Orangenscheibe garnieren.

Tropic Campari *1985
3 cl Campari
2 cl Gin
2 cl Grand Marnier
4 cl Orangensaft
Schweppes Bitter Orange

Die Zutaten – ohne Bitter Orange – mit Eiswürfeln im Shaker kräftig schütteln und in ein Longdrinkglas auf einige Eiswürfel abseihen. Mit Bitter Orange auffüllen. Mit Fruchtspieß und Minzezweig garnieren.

Campari Caribic *1986
4 cl Campari
8 cl Maracujanektar
2 cl Zitronensaft
2 cl Sahne
2 Barlöffel feste oder
4 cl flüssige Cream of Coconut

Die Zutaten im Elektromixer gut durchmixen. Die Mischung im Shaker mit Eiswürfeln gut schütteln und in ein Longdrinkglas auf einige Eiswürfel abseihen. Mit Fruchtspieß und Minzezweig garnieren.

Campari Shakerato
5 cl Campari

Mit einigen Eiswürfeln im Shaker gut schütteln und in ein kleines Stielglas abseihen.

Campari mit Sherry und Tonic
2 cl Campari
1 cl trockener Sherry
3 cl Tonic Water

In ein kleines Stielglas einen Eiswürfel, Campari, Sherry und Tonic Water geben.

Margaret Rose
3 cl Campari
Champagner oder Sekt

Campari mit einem Eiswürfel in ein Kelchglas geben und mit Champagner oder Sekt auffüllen. Mit einer Orangenschale abspritzen und diese dazugeben.

Tropic Campari

Americano

Campari Shakerato

Anisgetränke

Kaum eine Spirituose hat eine so alte Tradition wie die Anisgetränke. Anisgeist kannten die alten Ägypter schon 1500 Jahre v. Chr., schon früh benutzte man ihn als Heilmittel gegen Magen- und Darmbeschwerden.
Fast alle Anisgetränke haben trotz verschiedener Geschmacksnuancen den Anissamen als gemeinsame Grundlage.

Anis wird im Mittelmeerraum, in Indien, Japan und Südamerika angebaut, der gehaltvollere Sternanis gedeiht in Vietnam, China, in Japan und auf den Philippinen.
Das berühmteste und berüchtigtste anishaltige Getränk, der Absinth, ist in Deutschland seit 1923 verboten. Noch heute leiden alle Anisgetränke unter seinem schlechten Ruf. Starker regelmäßiger Absinth-Genuß führte zu Vergiftungen des Nervensystems.
Der gefährliche Bestandteil des Absinth war jedoch nicht etwa der Anis, sondern der Bitterstoff Thujon.
Und noch eine Sache, die Sie schon immer wissen wollten: Wenn Sie wenige Stunden nach intensivem Alkoholgenuß Wasser trinken, wird der Alkohol wieder aktiviert – egal, ob Sie ein Anisgetränk oder Whisky zu sich genommen haben.
Unter den bekannten französischen Anisgetränken finden sich Unterschiede in der Herstellung.
Der deutsche Marktführer Pernod z. B. ist ein Produkt, das auf pflanzlicher Basis hergestellt wird. Um es wissenschaftlich auszudrücken: aus einem Extrakt, der aus der Mischung einer Essenz mit Anethol hervorgeht. Die Essenz ist ein Destillationsprodukt von Alkohol, in dem man würzige Kräuter ziehen ließ.
Welche Kräuter dies sind, wieviel man nimmt und wie lange sie in Alkohol „baden" – das ist natürlich das Geheimnis der Herstellung.
Nur soviel: Unter anderem enthält die Essenz Minze, Melisse, Koriander, Veronica, Kamille, Lakritze, Zimt, Nelken und Fenchel.
Bei Anethol handelt es sich um das Destillat von Anis.
Dieser Extrakt, Wasser und dreifach destillierter Alkohol – das sind die Bestandteile von Pernod.
Durch dieses Herstellungsverfahren unterscheidet sich Pernod von Pastis.
Die Hauptbestandteile von Pastis sind Anis, Lakritze, Süßholz, aromatische Kräuter und reiner Alkohol. Pastis wird auf dem Wege der Mazeration, d.h. durch Auslaugung der aromatischen Substanzen in Alkohol, hergestellt. Weltbekannt ist die Marke Ricard die von einem der größten Spirituosenhersteller der Welt, der Société Ricard, in acht Fabriken in Frankreich und weiteren dreizehn Fabriken in verschiedenen anderen Ländern produziert wird.
Man trinkt Pernod und Pastis mit eisgekühltem Wasser im Mischungsverhältnis 1:5, jedoch auch mit Orangensaft, Bitter Lemon oder Cola. Es lassen sich jedoch auch sehr aparte Drinks mixen, wie Sie aus den folgenden Rezepten ersehen können.
Weitere bekannte Anisgetränke sind der griechische Ouzo, der aus Anissamen doppelt destilliert wird und der türkische Raki, dessen alkoholische Basis ein Branntwein aus Rosinen oder Feigen ist, dem bei der Destillation Aniskörner zugesetzt werden.
Beim Raki unterscheidet man drei Qualitäten, den aus Feigen gebrannten Iyi-Raki mit 43% Vol. und die beiden aus Rosinen gebrannten Sorten Yeni-Raki (45% Vol.) und Kulüp-Raki (50% Vol.).

Ouzo und Raki trinkt man ebenfalls mit Wasser verdünnt.
In der Kategorie der Anisgetränke dürfen Anisette und Sambuca nicht fehlen. Als Erfinderin des wasserhellen Gewürz-

Tomate *Perroquet* *Mauresque*

likörs Anisette, der aus Anis, Anisöl und verschiedenen Gewürzen hergestellt wird, gilt Marie Brizard aus Bordeaux. Sie bot bereits Mitte des 18. Jahrhunderts Anisette als heilsames Elixier an.
Heute trinkt man Anisette zum oder im Kaffee nach dem Essen oder einfach zwischendurch.
Der klassische italienische Likör Sambuca zählt noch zu den Anislikören, obwohl sein Hauptbestandteil Holunder ist.
Sambuca wird oft mit gerösteten Kaffeebohnen (con la mosca – mit der Fliege) getrunken. Beliebt ist es auch „Sambuca con la mosca" anzuzünden.

Tomate
4 cl Pernod oder Ricard
1 cl Grenadine

Die Zutaten in ein mit Eiswürfeln gefülltes Longdrinkglas geben und mit eiskaltem klaren Wasser auffüllen, leicht umrühren.

Perroquet
4 cl Pernod oder Ricard
1 cl Pfefferminzsirup

Zubereitung wie *Tomate*.

Mauresque
4 cl Pernod oder Ricard
1 cl Orgeat/Orzata Mandelextrakt

Zubereitung wie *Tomate*.

Pernod Blanc
5 cl Pernod
5 cl Sahne
1 Eiweiß
2 cl Orgeat/Orzata Mandelextrakt
4 cl Orangensaft

Die Zutaten im Shaker mit Eiswürfeln gut schütteln, in ein Longdrinkglas auf Eiswürfel abseihen. Schokoladenraspel darüberstreuen.

Pernod Flip *1979
3 cl Pernod
1 cl Cointreau
1 cl Zitronensaft
1 cl Zuckersirup
1 Eigelb

Im Shaker mit Eiswürfeln kurz und kräftig schütteln, in ein Flipglas oder einen Sektkelch abseihen und mit etwas Muskatnuß bestreuen.

Bitter Pernod
3 cl Pernod
3 cl Wodka
3 cl Zitronensaft
Bitter Lemon

Pernod, Wodka und Zitronensaft in ein Longdrinkglas mit Eiswürfeln geben, gut rühren und mit Bitter Lemon auffüllen, mit einer Zitronenscheibe garnieren.

Roman Candle
4 cl Sambuca
2 cl Amaretto
2 cl Grenadine
4 cl Orangensaft

Mit Eiswürfeln im Shaker gut schütteln und in einen Tumbler auf Eiswürfel abseihen.

Yellow Star

Yellow Star
2 cl Pernod
2 cl Crème de Bananes
2 cl Gin
1 cl Maracujasirup
8 cl Orangensaft

Die Zutaten mit Eiswürfeln im Shaker gut schütteln und in ein Longdrinkglas auf Eiswürfel abseihen. Einen Fruchtspieß mit Bananenstückchen und Cocktailkirschen über den Glasrand legen.

Long – Squash
2 cl Pernod
2 cl Curaçao Blue
1 Spritzer Angostura
Maracujasaft

Pernod, Curaçao Blue und Angostura in ein Longdrinkglas auf Eiswürfel geben und mit Maracujasaft auffüllen. Mit einer Orangenscheibe garnieren.

Roman Creme
3 cl Sambuca
3 cl Kaffeelikör
4-6 cl Sahne

Die Zutaten mit Eiswürfeln im Shaker gut schütteln und in eine Cocktailschale abseihen.

Pernod Suissesse
5 cl Pernod
2 cl Sahne
1 Eiweiß
1 cl Orgeat/Orzata Mandelextrakt

Die Zutaten im Shaker mit Eiswürfeln gut schütteln und in eine Cocktailschale abseihen.

68°
EXTRAIT D'ABSINTHE
Qualité
Supérieure
PERNOD FILS
COUVET SUISSE
PONTARLIER

Sherry

Der Sherry, einer der berühmtesten Weine der Welt, wurde schon im Mittelalter an den Tafeln der damals Mächtigen und Reichen geschätzt. Die Heimat des Sherry ist Spanien. Sherry kommt aus einem eng begrenzten und geschützen Anbaugebiet rund um die Stadt Jerez im Südwesten Spaniens. Und damit erklärt sich auch schon der Name Sherry. Die Engländer nämlich, die dem Sherry zu seinem weltweiten Siegeszug verhalfen, konnten das harte spanische Wort „Jerez" (sprich „Cheres") so schlecht aussprechen, daß sie es in ein weicher klingendes, einschmeichelndes Wort umwandelten: Sherry (sprich „Scherri").

Vor gut vierhundert Jahren brachten britische Seefahrer die erste Schiffsladung Sherry vom spanischen Cadiz ins englische Plymouth. Die Begeisterung der Engländer wuchs schnell und so anhaltend, daß schließlich im 19. Jahrhundert Sherry zum Modegetränk des britischen Weltreiches wurde.

Der Wein, aus dem Sherry hergestellt wird, wächst in einem nur etwa 100 Quadratkilometer großen, an der Atlantikküste liegenden Anbaugebiet. Hauptanbauregion ist die Gegend um Jerez de la Frontera. Hier bieten sich den Rebstöcken der Sherry-Trauben ideale Wachstumsbedingungen. Der berühmte weiße Kalkboden, der die Sonne wie ein Spiegel reflektiert, 295 Sonnentage im Jahr, Winterregen und der Wind, der vom Atlantik herüberweht, geben dem Sherry seinen unverwechselbaren Charakter.

Zwei Sorten von Sherry-Reben werden hauptsächlich angebaut: Palomino, die am häufigsten verwendete Rebsorte, und Pedro Ximenez. Alle Trauben sind hell, manche haben einen goldgrünen oder leicht rötlichen Schimmer.

In den Kelterhäusern werden die Trauben heute längst nicht mehr mit den Füßen gestampft, sondern von modernen Keltermaschinen gepreßt. Der gekelterte Most wird in riesige Eichenfässer gefüllt, die in Bodegas gelagert werden. Bodegas nennt man die hohen, einem Kirchenschiff ähnlichen oberirdischen Wein-„Keller", in denen der Most zum Wein und der Wein zum Sherry reift. Eines der Geheimnisse bei der Sherry-Herstellung: Sherry braucht viel Luft. Deshalb lagert der Sherry in den Bodegas, durch deren Fensteröffnungen immer genügend frische Meeresluft von der nahen Küste ziehen kann. In diesen oft dreischiffigen Hallen reifen die Weine in langen, drei- bis vierfach übereinanderliegenden Faßreihen. Die Sherry-Fässer sind nie ganz gefüllt und nie ganz dicht verschlossen. Denn ohne diesen Luftraum in und über den Fässern könnte sich die „Blume" auf der Oberfläche des Weines nicht entwickeln. In den ersten drei Monaten des Jahres wird der neue Wein klassifiziert. An Farbe und Aroma ist die Entwicklung des Weines erkennbar. Nach der Klassifizierung wird der Sherry mit reinem Weinalkohol auf den gewünschten Alkoholgehalt von 17 bis 20 Grad eingestellt.

Es gibt zwei Methoden der Veredelung und des Reifens bei Sherry: das Anada-System und das Solera-System. Einige Sherrys altern und reifen nach dem heute seltenen Anada-System. Dabei wird der Wein nicht verschnitten, sondern während der gesamten Reifezeit sich selbst überlassen. Es eignen sich aber nur wenige Weine für diesen Prozeß; sie sind bei uns kaum zu kaufen.

Fast alle Sherry-Sorten werden heute im Solera-Verfahren ausgebaut. Dies ist ein komplizierter, mehrjähriger Reifevorgang, bei dem jüngere Weine durch Beimengung älterer veredelt werden. Die Lagerfässer mit 520 Liter Inhalt liegen in Dreier- oder Viererreihen übereinander. Die oberen Fässer enthalten den jüngeren Wein, der, wenn er in diese

Faßreihe gelangt, bereits eine dreijährige Entwicklung hinter sich gebracht hat. Von Jahr zu Jahr wird nun der Wein aus der vierten Reihe in die dritte, aus der dritten in die zweite und aus der zweiten Reihe in die unterste umgefüllt. Beim Umfüllen darf keinem Faß mehr als ein Drittel oder höchstens die Hälfte entnommen werden. Die fehlende Menge muß sofort durch Nachfüllen aus dem darüberliegenden Faß ergänzt werden. Das kontinuierliche Umfüllen und Vermischen gewährleistet eine stets gleichbleibende Qualität der jeweiligen Geschmacksrichtung.

Man unterscheidet beim Sherry vier Grundtypen: Fino, Amontillado, Oloroso und Cream.

Der *Fino* ist ein trockener, herber Sherry. Man erkennt ihn leicht an seiner hellgoldenen, blaßblanken Färbung. Finos, die häufig auch unter den Bezeichnungen „Dry", „Very Dry" oder auch „Very Pale Dry" angeboten werden, haben ein ganz besonders delikates, feines Mandelaroma; sie sind säurearm und sollten als trockene Sherry-Sorte immer gut gekühlt serviert werden. Der Sherry Manzanilla gehört in die Gruppe der Finos, die an der Küste wachsen. Man sagt ihm einen leichten Salzgeschmack nach. Der Manzanilla ist etwas alkoholärmer und besonders trocken.

Der Alkoholgehalt der Finos liegt zwischen 17 und 18 Grad. Alle Finos eignen sich hervorragend als Aperitif, für Cocktails und zu Gerichten mit Meerestieren.

Der *Amontillado* ist dem Fino eng verwandt, aber nicht ganz so trocken. Die milden, halbtrockenen Amontillados sind daher oft auch mit den Bezeichnungen „Medium" oder „Medium Dry" etikettiert. Amontillados haben stets eine etwas dunklere Farbe als die Finos, ähnlich dem Bernstein, und sind vollmundiger, körperreicher im Geschmack. Mit einem Alkoholgehalt von 17 bis 18 Grad ist der Amontillado besonders als Aperitif beliebt, den man während des ganzen Tages und zu jeder Gelegenheit anbieten und trinken kann.

Oloroso, der „Wohlriechende", ist der klassische Sherrytyp, der den spanischen Wein in der Welt berühmt gemacht hat. Oloroso ist ein trockener bis leicht süßer, würziger Sherry von dunkelgoldener Farbe. Mit seinem zarten Nußaroma, seinem vollmundigen, kräftigen Bukett ist der Oloroso ein wundervoller Zwischendurch-Drink.

Der *Cream* Sherry ist die süße Variante des Oloroso. Der Cream-Sherry ist ausgesprochen mild. Vor der Reifung wird der Oloroso mit dem Wein der süßen Pedro-Ximenez-Traube gemischt. So entsteht ein gehaltvoller, dunkelrubinroter, dickflüssiger Dessertwein. Der Alkoholgehalt beträgt 18 bis 20 Grad.

Cream-Sherry eignet sich besonders als krönender Abschluß eines Essens, zum nachmittäglichen Kaffee und zu süßen Desserts.

Bamboo
4 cl Fino Sherry
2 cl Vermouth Dry
2 Spritzer Bols Orange Bitter

Die Zutaten in ein mit Eiswürfeln gefülltes Rührglas geben, gut vermischen und in ein gekühltes Cocktailglas abseihen.

Adonis
4 cl Fino Sherry
2 cl Vermouth Rosso
2 Spritzer Bols Orange Bitter

Die Zutaten in ein mit Eiswürfeln gefülltes Rührglas geben, gut vermischen und in ein gekühltes Cocktailglas abseihen. Mit einer Zitronenschale abspritzen und die Schale in den Drink geben.

Brandy Fino
2 cl Fino Sherry
2 cl Cognac
2 cl Drambuie

Zubereitung wie *Adonis.*

Creamy Orange
4 cl Cream Sherry
1 cl Cognac
4 cl Orangensaft
2 cl Sahne

Mit Eiswürfeln im Shaker gut schütteln und in eine Cocktailschale abseihen.

Dizzy Izzy
3 cl Cream Sherry
3 cl Bourbon Whiskey
2 cl Ananassaft
2 cl Zitronensaft

Zubereitung wie *Creamy Orange.*

Dolores
4 cl Cream Sherry
2 cl Brauner Rum
1 cl Dubonnet
3 cl Orangensaft

Zubereitung wie *Creamy Orange.*

Duke of Marlborough
3 cl Fino Sherry
3 cl Vermouth Rosso
3 cl Zitronensaft
1 cl Grenadine

Zubereitung wie *Creamy Orange.*

Andalusia Cooler *1986
5 cl Cream Sherry
2 cl Cherry Brandy/Kirschlikör
5 cl Orangensaft
1 cl Zitronensaft
Bitter Lemon

Die Zutaten – ohne Bitter Lemon – in einem mit Eiswürfeln gefüllten Shaker gut schütteln und in ein Longdrinkglas auf einige Eiswürfel abseihen. Mit Bitter Lemon auffüllen und mit einer Orangenscheibe garnieren.

Sherry Flip
4 cl Sherry Medium
1 cl Cognac
1 cl Zuckersirup
2 cl Sahne
1 Eigelb

Die Zutaten im Shaker mit Eiswürfeln kurz und kräftig schütteln und in ein Flipglas oder einen Sektkelch abseihen. Mit etwas Muskat bestreuen.

Adonis

Andalusia Cooler

„The Sherry Girl" (um 1851) von W. P. Frith, zur Verfügung gestellt von Williams & Humbert ▶

Port

Port, einst der Wein der Könige und vornehmen englischen Clubs, findet bei uns immer mehr Liebhaber. Port gibt es seit 1680, als zum erstenmal englische Weinkaufleute dem portugiesischen Rotwein aus dem Douro-Tal aus Gründen der besseren Haltbarkeit bis zu 20 Prozent Weindestillat beimischten und ihn dann nach England verschifften, eine Methode, die sich stets verfeinerte, an der sich aber bis heute nichts Grundlegendes geändert hat.

Das Douro-Tal erstreckt sich von der spanischen Grenze im Osten über eine Länge von etwa 100 Kilometer nach Westen. Dieser Landstrich ist durch Gebirgszüge vor den atlantischen Winden geschützt und besteht hauptsächlich aus Schiefer. Bereits 1756 wurde die Anbaufläche des Portweins festgelegt. Port unterscheidet sich in vielem von den übrigen in Portugal angebauten Weinen.

Terrassen und Stützmauern sind typisch für das Weinbaugebiet am Douro. Der wasserdurchlässige Schieferboden vulkanischen Ursprungs bietet ideale Bedingungen für die Reben. Der Schiefer speichert die Hitze des Tages und wirkt wie ein Wärmekissen in den teils bitterkalten Nächten dieses Hochlandes.

Etwa 20 verschiedene Rebsorten, deren Trauben von Mitte September bis Mitte Oktober geerntet werden, gedeihen hier. Die Gärung des Mostes findet in großen Bottichen statt und wird nach einer bestimmten Zeit durch Zugabe von Weindestillat unterbrochen. Dabei wird auch der Alkoholgehalt auf ca. 20 Grad erhöht. Je früher der Alkohol beigefügt wird, desto süßer wird der Wein, je später, desto trockener. Bis zum Frühjahr bleibt der Wein im Anbaugebiet. Dann wird er in große Fässer umgefüllt und in die ca. 100 Kilometer entfernte Hafenstadt Vila Nova de Gaia gebracht. Hier, gegenüber der namensgebenden Stadt Porto, beginnt nun in riesigen Lagerhallen die „Hohe Schule des Portweins", die lange Zeit der Lagerung und Reife.

Portwein verdankt genau wie Champagner seine Qualität und seinen gleichbleibenden Geschmack der gelungenen Cuvée, d.h. Weine verschiedener Jahrgänge und Weinlagen werden nach Bouquet und Körper ausgesucht und in riesigen Verschnittfässern miteinander „vermählt". So entsteht der für das jeweilige Portweinhaus typische Geschmack. Die endgültige Reifung erhält der Portwein in kleinen Eichenholzfässern.

Nur in ca. drei von zehn Erntejahren werden Jahrgangs-Portweine, sogenannte Vintage-Ports ausgebaut. Sie werden aus den Trauben eines Jahrgangs hergestellt, lagern nur etwa zwei Jahre im Faß und dann nicht selten 30 Jahre und länger auf der Flasche.

Portwein ist von köstlicher Vielfalt, er besitzt eine unvergleichliche Farb- und Aromapalette. Er kann rot oder weiß sein, ein schwerer, süßer Dessertwein, ein halbtrockener, feuriger Appetitmacher, ein kräftiger, bekömmlicher Männerwein oder ein delikater, leichter Wein aus weißen Trauben.

Seine Farbe gibt Auskunft über das Alter. Vom dunkelsten Rot, über Rotbraun bis zur Topasfarbe reicht sein Farbenspiel. Dunkles Rot ist im allgemeinen bezeichnend für einen jungen Wein. Durch jahrelange Lagerung und Sauerstoffzutritt im Eichenholzfaß wird roter Portwein immer eine Nuance heller, weißer dagegen immer etwas volltöniger, so daß sie sich im Alter ähneln.

Die großen Portweinfirmen bringen ihre bekanntesten Marken mit den Bezeichnungen Red, Ruby, Tawny, Light Tawny und White auf den Markt. Es ist die Kunst des Kellermeisters, für ständig gleichbleibende Qualität, das heißt Eigenart,

Farbe und Süße, zu sorgen. Diese „Wood Ports" verbringen ihre gesamte Reifezeit im Faß.
Vintage Ports sind Jahrgangs-Portweine aus einem einzigen außergewöhnlichen guten Weinjahr, mit sehr feinem Bouquet und von tief dunkelroter Farbe. Sie werden nach zwei bis drei Jahren Faßruhe auf Flaschen gezogen. Da der Vintage in Flaschen altert und Depot absetzt, muß er vor dem Genießen sorgfältig dekantiert und kurzfristig getrunken werden.
Der *Late Bottled Vintage* ist ein Port aus einem guten Jahrgang, der die Eigenschaften eines Vintage aufweist. Er lagert etwa fünf bis sechs Jahre im Faß, ehe er dann auf Flaschen abgezogen wird.
Colheitas sind Portweine aus einem Jahrgang, die im Unterschied zum Vintage im Faß reifen und frühestens nach sieben Jahren auf Flaschen gefüllt werden. Erntejahr und Abfülldatum stehen auf der Flasche.
Die Portweine mit angegebenem Alter reifen ebenfalls im Faß und gehören zu den Besonderheiten unter den Portweinen.
Portwein bietet man in zur Hälfte gefüllten kleinen, ballonförmigen Gläsern an.
Man sollte Portwein einen Tag lang vor dem Öffnen aufrecht stehenlassen, damit sich altersbedingte Trübungen am Boden absetzen können. Rote Portweine serviert man bei Zimmertemperatur, weiße dagegen kellerkühl. Angebrochene Flaschen lassen sich wegen des höheren Alkoholgehalts wochen-, ja monatelang aufbewahren. Portwein ist kontaktfreudig – er eignet sich ausgezeichnet zum Mixen von Cocktails, Longdrinks und Flips.

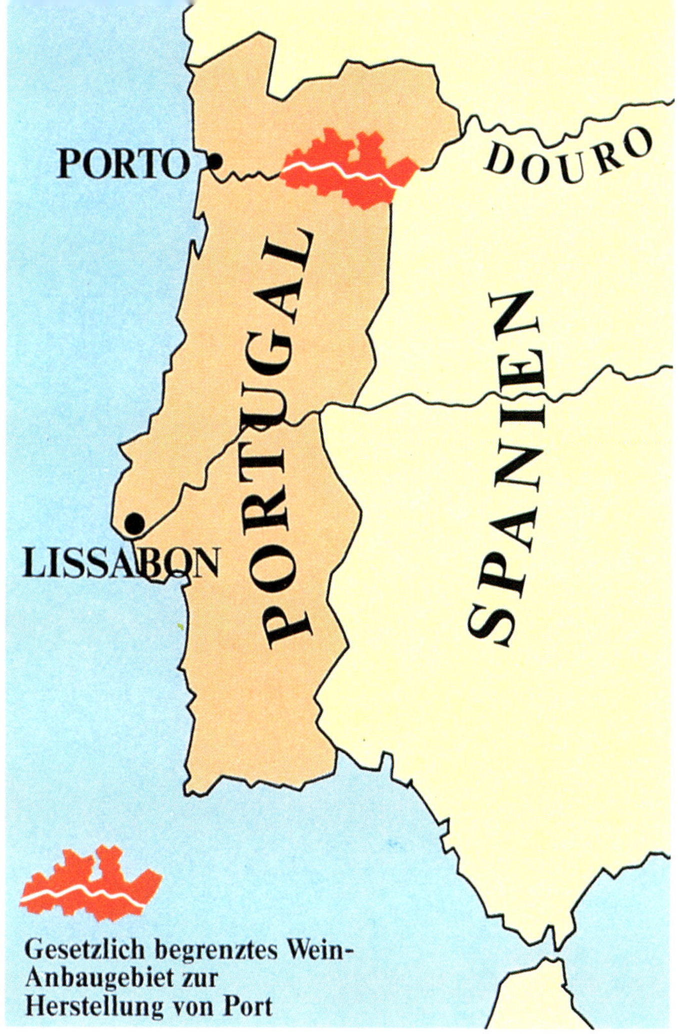

Sloppy Joe
3 cl Roter Portwein
3 cl Cognac
3 cl Ananassaft
1 Barlöffel Grenadine
1 Barlöffel Cointreau

Im Shaker mit Eiswürfeln gut schütteln und in eine Cocktailschale abseihen.

Pinky
4 cl Roter Portwein
2 cl Cherry Brandy/Kirschlikör
4 – 6 cl Sahne

Zubereitung wie *Sloppy Joe.*
Mit einer Erdbeere am Glasrand garnieren.

Port Blossom
4 cl Roter Portwein
2 cl Cherry Brandy/Kirschlikör
6 cl Preiselbeersaft
1 cl Zitronensaft

Zubereitung wie *Sloppy Joe.*
Mit einer Zitronenscheibe und einer Cocktailkirsche garnieren.

Porto Flip
4 cl Roter Portwein
1 cl Cognac
1 cl Zuckersirup
2 cl Sahne
1 Eigelb

Die Zutaten mit Eiswürfeln im Shaker kurz und kräftig schütteln. In ein Flipglas oder einen Sektkelch abseihen und mit etwas Muskatnuß bestreuen.

Port in a Storm
5 cl Roter Portwein
2 cl Cognac
leichter Rotwein

In ein Longdrinkglas auf einige Eiswürfel Portwein und Cognac geben. Mit dem leichten Rotwein auffüllen und mit Orangen- und Zitronenscheibe und einem Minzezweig garnieren.

Ginger Rogers
3 cl Roter Portwein
3 cl Cognac

In einem mit Eiswürfeln gefüllten Rührglas gut verrühren und in ein gekühltes Cocktailglas abseihen.

Mary Rose
3 cl Roter Portwein
2 cl Gin
2 cl Cherry Brandy/Kirschlikör

Zubereitung wie *Ginger Rogers.*

Princetown
2 cl Roter Portwein
4 cl Gin
1 Spritzer Bols Orange Bitter

Die Zutaten in ein mit Eiswürfeln gefülltes Rührglas geben, gut vermischen und in ein gekühltes Cocktailglas abseihen. Mit Zitronenschale abspritzen.

Was Sie mit Portwein noch mixen können:

	Seite
Boston Flip	95
Gabriela	45
Max Joseph	45
Porto Flip Normand	84

Siesta *1986
4 cl Roter Portwein
1 cl Cognac
1 cl Cointreau
1 cl Grenadine
6 cl Orangensaft

Mit Eiswürfeln im Shaker gut schütteln und in ein halbhohes Glas auf einige Eiswürfel abseihen. Eine Kiwischeibe an den Glasrand stecken und eine Orangenspirale über den Glasrand hängen.

Port Cassis
4 cl Weißer Portwein
2 cl Crème de Cassis
1 cl Zitronensaft
Sodawasser

Portwein, Crème de Cassis und Zitronensaft in ein Longdrinkglas auf Eiswürfel geben. Gut rühren und mit Sodawasser auffüllen. Mit einer Zitronenscheibe garnieren.

Porto Flip

Siesta

BY APPOINTMENT

HARVEY'S PORTS

THE DIRECTOR'S BIN

VERY SUPERIOR OLD TAWNY DRY

JOHN HARVEY & SONS, Ltd.

BRISTOL, Eng.

FOUNDED 1796

Champagner

Champagner hat immer Saison: ein Empfang am Vormittag, eine Einladung zum Lunch, eine Plauderei zur Cocktailstunde oder ein beschwingtes Fest am Abend, vier verschiedene Anlässe, aber jeder eine gute Gelegenheit, Champagner zu servieren. Champagner ist, wenn er gut ist, frisch, fruchtig, leicht und bekömmlich.

Vielleicht haben Sie schon manchmal daran gedacht, daß Champagner für manche Gäste auch als Mixdrink interessant sein könnte? Kein Problem – dann mixen Sie eben. Champagner ist ein guter Partner, er verträgt sich ausgezeichnet mit vielen Likören und Spirituosen. Der Phantasie sind kaum Grenzen gesetzt, es sei denn, durch die Bestände Ihrer Bar.

Der Original-„Champagner Cocktail" ist schon seit der Jahrhundertwende im Repertoire des damals noch jungen Berufsstandes der Barmixer enthalten. Er steht bis heute mit an der Spitze der Beliebtheitsskala, wohl auch, weil er als „Around The Clock"-Drink, zu allen Gelegenheiten paßt.

In der Champagne, einem der nördlichsten Weinanbaugebiete der Welt, wurde Wein schon vor 2000 Jahren angebaut.

Bis zum 17. Jahrhundert moussierten die Weine aus der Champagne nicht. Sie waren rot oder weiß und Konkurrenten der Burgunder, die aus denselben Rebsorten bereitet wurden. Heute dürfen in der Chamapgne nur drei Rebsorten angebaut werden: die beiden blauen Pinot Noir und Pinot Meunier und die weiße Pinot Chardonnay. Heutzutage erreichen Anbau und Ertrag der blauen Trauben nahezu ein Vielfaches der weißen Trauben.

Die Herstellung von moussierendem Champagner wurde während der Regentschaft Ludwigs XIV. (1643–1715) entdeckt und entwickelt. Alle heutigen großen Champagnerfirmen, die auf den Exportmärkten tätig sind, wurden im 18. und 19. Jahrhundert gegründet.

Grundlage für jeden Champagner ist in der Regel eine Cuvée, d.h. ein Verschnitt von Weinen verschiedener Jahrgänge und unterschiedlicher Herkunft. Alle verwendeten Weine sollen sich in ihren Eigenschaften harmonisch ergänzen.

Der Ehrgeiz der Hersteller ist es, die Cuvée in ihrer Qualität über Jahre hinaus gleich zu halten. Unabhängig von guten oder schlechten Weinjahren soll der Champagnerfreund seine Marke jederzeit in gleich guter Qualität genießen können. Für die Kenner unter den Champagner-Fans sind Jahrgangs-Champagner die köstliche Ausnahme.

Unterschiedliche Geschmacksrichtungen kommen nicht nur von den verwendeten Grundweinen, sondern auch von der Dosage. Diese erfolgt nach der zweiten Gärung, die ja in der Flasche stattfindet. Sie besteht aus Wein derselben Cuvée und altem Champagner, in dem feinster Rohzucker aufgelöst ist. Mischungsverhältnis und Zugabemenge der Dosage bestimmen die Geschmacksrichtung, die der Champagner bekommen soll: Brut (herb), Sec (trocken) oder Demi Sec (halbtrocken). Je trockener und herber, desto weniger Dosage.
Man serviert Champagner nicht in irgendeinem Glas, sondern immer in schmalen, zarten Gläsern. Ideal sind Kelche, Flöten oder Tulpen. In solchen Gläsern kann sich das Bukett wirklich entfalten. Das Glas soll auch so geformt sein, daß der Champagner zuerst die Zungenspitze erreicht, die ja für die süß-sauren Geschmackserlebnisse zuständig ist.
Die berühmt-berüchtigten Schalen sind am wenigsten geeignet, denn an der großen Oberfläche verflüchtigt sich der Duft mit der feinen Kohlensäure im Nu. Nur Mixgetränke, die mit Champagner aufgegossen werden, erlauben die Schale.
Hier gleich noch ein paar Tips für den richtigen Umgang mit Champagner: Niemals mit einem Quirl die Säure herausrühren, sie zerstören damit das feine Prickeln und Perlen des Champagners, die der Stolz jedes Kellermeisters sind.
Sicher kommt der Champagner trinkfertig aus der Kellerei und braucht keine Reifelagerung mehr, um genießbar zu werden. Trotzdem ist er für einige Tage Ruhe dankbar.
Champagner sollte liegend lagern, da er ja wie Wein mit Naturkorken verschlossen ist. Kellerkühl ist die ideale Trinktemperatur, doch auch der Kühlschrank erfüllt den gleichen Zweck. Aber niemals ins Tiefkühlfach legen und niemals eiskalt servieren! Die beste Temperatur liegt bei 6-9 Grad. Bei Zimmertemperatur erwärmt sich der Champagner schnell, darum ist ein eisgefüllter Kühler der beste Aufbewahrungsort für die angebrochene Flasche, zumal wenn Sie mit Champagner mixen und nicht gleich die ganze Flasche brauchen, gibt es Spezialverschlüsse, die einer offenen Flasche für einige Stunden Frische und Aroma erhalten.

Max Joseph *1978
2 Spritzer Bols Orange Bitter
2 cl Calvados
1 cl Weißer Port
1 cl Apricot Brandy
Champagner

Die Zutaten – ohne Champagner – in einem Rührglas mit Eiswürfeln gut vermischen und in einen großen Kelch abseihen. Mit Champagner auffüllen. Mit einem Stück Orangenschale abspritzen. Die Schale und eine Cocktailkirsche dazugeben.

Gabriela *1984
2 cl Monin Triple Lime Liqueur
1 cl Calvados
1 cl Roter Portwein
Champagner

Zubereitung wie *Max Joseph*

Ohio
2 Spritzer Angostura
2 cl Canadian Whisky
2 cl Vermouth Rosso
2 cl Cointreau
Champagner

Zubereitung wie *Max Joseph*

Champagner

Black Velvet
Champagner
Guinness Stout

Einen Champagnerkelch zur Hälfte mit Champagner füllen und mit Guinness Stout aufgießen.

Alfonso
1 Stück Würfelzucker
2 Spritzer Angostura
4 cl Dubonnet
Champagner

Den Zuckerwürfel mit Angostura im Champagnerkelch tränken. Dubonnet und einen Eiswürfel dazugeben. Mit Champagner auffüllen, mit einem Stück Zitronenschale abspritzen und diese dazugeben.

Sternstunde
2 cl Calvados
2 cl Cointreau
4 cl Maracujasaft
Champagner

Die Zutaten – ohne Champagner – mit Eiswürfeln im Shaker gut schütteln und in einen großen Kelch abseihen. Mit Champagner auffüllen. Einen Karambolastern mit einer Cocktailkirsche an den Glasrand stecken.

Caribbean Champagne
1 cl Weißer Rum
1 cl Crème de Bananes
1 Spritzer Angostura
Champagner

In einen Champagnerkelch einen Eiswürfel, Rum, Crème de Bananes und einen Spritzer Angostura geben. Mit Champagner auffüllen. Einige Bananenstückchen und Cocktailkirschen am Spieß dazugeben.

Champagner Cocktail
1 Stück Würfelzucker
2 Spritzer Angostura
Champagner

Den Zuckerwürfel in eine Champagnertulpe geben, mit Angostura tränken, einen Eiswürfel dazugeben und mit Champagner auffüllen. Mit einer Zitronenschale abspritzen und diese ins Glas geben.

Champagner Cocktail II
2 cl Cointreau
2 cl Cognac
Champagner

Cointreau und Cognac mit Eiswürfeln im Rührglas gut mischen. In einen großen Kelch abseihen und mit Champagner auffüllen. Eine Cocktailkirsche und eine halbe Orangenscheibe dazugeben.

Prince of Wales
2 cl Cognac
1 cl Curaçao Orange
1 Spritzer Angostura
Champagner

In einen Silberbecher einige Eiswürfel, Cognac, Curaçao Orange und einen Spritzer Angostura geben. Mit Champagner auffüllen. Drei Cocktailkirschen, je eine halbe Orangen- und Zitronenscheibe dazugeben.

Champagner Flip
1 cl Cognac
4 cl Weißwein
1 cl Zuckersirup
2 cl Sahne
1 Eigelb
Champagner

Die Zutaten – ohne Champagner – mit Eiswürfeln im Shaker kurz und kräftig schütteln, in einen großen Kelch abseihen und vorsichtig mit Champagner auffüllen. Mit etwas Muskat bestreuen.

Bellini
Weiße Pfirsiche
Champagner

Die Pfirsiche schälen und pürieren. Etwas Pfirsichmus in einen Champagnerkelch geben und langsam mit kaltem Champagner auffüllen.

Bellini

Champagner Cocktail

Prince of Wales

Was Sie mit Champagner noch mixen können:

Weitere Mix-Möglichkeiten siehe SEKT.

Sekt

Die erste deutsche Sektkellerei wurde 1826, fast 100 Jahre nach der ersten Champagnerkellerei, gegründet. Dort war schäumender Wein seit Anfang des 18. Jahrhunderts bekannt.
Sekt hat in Deutschland trotz oft widriger Umstände, herbeigeführt durch Kriege oder hohe Besteuerung, immer mehr Liebhaber gefunden und ist heute fast als Volksgetränk zu bezeichnen.

Um die Entstehung des Namens Sekt anstelle der früheren Bezeichnung Schaumwein gibt es eine hübsche Geschichte:
Um die Zeit von 1825 betrat der große Schauspieler Ludwig Devrient wie üblich sein Stammlokal Lutter & Wegener am Berliner Gendarmenmarkt und rief, sich noch ganz in der Rolle des eben gespielten Falstaff fühlend, „Gib mir ein Glas Sekt, Bube!", worauf der Kellner die übliche Flasche Champagner brachte. Von nun an hieß es bei Lutter & Wegener eben Sekt, wenn Champagner gemeint war, und diese Bezeichnung für Schaumwein hat sich im deutschen Sprachgebrauch nach und nach durchgesetzt. Wenn Shakespeare allerdings seinen Falstaff nach „Vino Seco" rufen läßt, meinte er damit herben spanischen Wein, denn zu Shakespeares Zeiten war Schaumwein noch nicht erfunden.
Die vielen angebotenen Geschmacksrichtungen von trokken bis süß bieten als weißer, rosé oder roter Sekt immer einen Anlaß für ein Glas zwischendurch, als Aperitif, zum Abschluß eines Essens, beim geselligen Beisammensein und natürlich auch zum Mixen erfrischender Cocktails.
Es gibt verschiedene Methoden, nach denen Sekt hergestellt wird. Allen gleich ist das Ausgangsprodukt Wein.
Aus besonders geeigneten Grundweinen wird die Cuvée, d.h. Mischung, hergestellt. Alle diese Weine sind durch die erste Gärung von Most zu Wein geworden. Zur Einleitung einer zweiten Gärung wird ihnen in Wein gelöster Kristallzukker und Weinhefe zugeführt. Danach trennen sich die verschiedenen Wege der Sektbereitung.
Sie werden nun entweder nach der „Methode Champenoise" (Flaschengärung mit Handenthefung), im Transvasier-Verfahren (Flaschengärung mit maschineller Enthefung) oder durch Großraumgärung weiterbearbeitet. Bei

Motiv der Sektkellerei Deinhard mit ihrer 1910 eingeführten Marke Deinhard Lila

allen drei Methoden wird nach der Enthefung eine Dosage zugesetzt. Dieser Zusatz bestimmt wie beim Champagner die Geschmacksrichtung von trocken bis süß.
Die Verwendbarkeit von Sekt und Champagner gleicht sich in bezug auf Lagerung, Trinktemperatur, bei den verwendeten Gläsern und auch beim Mixen, wobei man die trockenen Sorten verwendet.
Die deutschen Sektkellereien bieten eine große Anzahl von Lagen-, Rebsorten- und Jahrgangs-Sekten an, so daß jeder Geschmack zufriedengestellt werden kann.

Sekt

Mimosa
1/3 Orangensaft
2/3 Sekt

Den Orangensaft in einen Sektkelch geben und vorsichtig mit Sekt auffüllen.

Ritz
2 cl Cointreau
2 cl Cognac
2 cl Orangensaft
Sekt

Die Zutaten – ohne Sekt – mit Eiswürfeln im Shaker gut schütteln und in einen großen Kelch abseihen. Mit Sekt auffüllen.

French 75
4 cl Gin
2 cl Zitronensaft
1 cl Zuckersirup
Sekt

Zubereitung wie *Ritz.*

Pick Me Up
1 Spritzer Angostura
2 cl Zitronensaft
1 cl Grenadine
4 cl Cognac
Sekt

Zubereitung wie *Ritz.*

Flying
2 cl Cointreau
2 cl Gin
2 cl Zitronensaft
Sekt

Zubereitung wie *Ritz.*

Red Kiss
2 cl Cherry Brandy/Kirschlikör
2 cl Brauner Rum
2 cl Ananassaft
Sekt

Zubereitung wie *Ritz.*
Einen Spieß mit Kirschen und Ananasstücken über den Glasrand legen.

Vulcano
3 cl ungekühlter Himbeergeist
2 cl Curaçao Blue
Sekt

Himbeergeist und Curaçao Blue in eine Schale geben und unter leichtem Rühren anzünden. Das Öl einer Orangenschale in die Flamme spritzen, die Schale ins Glas geben und mit kaltem Sekt auffüllen. Eine Cocktailkirsche dazugeben.

Hemingway
4 cl Weißer Rum
2 cl Zitronensaft
1 cl Zuckersirup
Sekt

Zubereitung wie *Ritz.*

Weitere Mix-Möglichkeiten siehe „CHAMPAGNER"

Was Sie noch mit Sekt mixen können:

Red Kiss

ANNO 1794
JOH. FRIEDR. DEINHARD
DEINHARD 1921er
DEUTSCHER SEKT
DEINHARD
Im Frühjahr 1927.
Der Gründer des Hauses würde seine helle Freude haben, wenn er die Befolgung seiner Lehren bei seinen Nachfahren sehen könnte. So bringen wir auch erst jetzt, getreu dem alten Grundsatze „QUALITÄT UND ABLAGERUNG" die von unseren Freunden seit langem erwartete Marke, die köstlichste Perle Deutschen Schaumweines:
Deinhard Lila
1921er
Deinhard die führende Deutsche Weltmarke!
HEINRICH SCHRÖDER

Gin

Die Geschichte des Gin beginnt im 16. Jahrhundert in Holland. Dort stellten Schnapsbrenner Genever, einen mit Wacholder aromatisierten Branntwein her. Wahrscheinlich waren es englische Truppen, die das Rezept mit in ihre Heimat brachten. Im Laufe der Zeit änderte sich das Herstellungsverfahren und auch der Name. Aus dem holländischen Genever (von Wacholder: franz. – genièvre) wurde der englische Gin. Dieser wurde früher aus Kornbranntwein hergestellt. Heute ist die alkoholische Basis mehrfach destillierter Alkohol, der mit Wacholderbeeren, Korianderkörnern und anderen Kräuterbeigaben aromatisiert wird.

Der große Durchbruch auf dem Weg zum englischen Nationalgetränk kam erst im 18. Jahrhundert. Ein großer Teil des damals hergestellten Gins war jedoch von sehr zweifelhafter Qualität, und anfangs nahm der Konsum dieses „schlechten" Gins das Ausmaß einer nationalen Krise an. Das besserte sich jedoch, als sich die Ginhersteller um eine höhere Qualität ihrer Produkte bemühten. Ihnen war zu verdanken, daß der Gin im 19. Jahrhundert ein respektables Getränk wurde. Die prächtigen „Gin-Paläste" des viktorianischen London waren beliebte Vergnügungsstätten dieser Zeit. Diese prächtig ausgestatteten Lokale waren, alles in allem, Vorläufer der heutigen Bars.

Anfang unseres Jahrhunderts kamen in London die ersten „American Bars" auf, und hier spielte der Gin bald eine bedeutende Rolle. Auch außerhalb Englands verbreitete sich der Gin rasch. In den britischen Kolonien wurde Gin mit Tonic Water das beliebteste Getränk. In den Jahren zwischen den Weltkriegen wurde Gin schließlich als internationale Spirituose bekannt, hauptsächlich durch den Cocktail, der sich verblüffend rasch in Nordamerika und später in der ganzen westlichen Welt durchsetzte.

Heute wird Gin außerhalb Englands in großem Umfang in den USA, in Kanada und vielen Ländern Westeuropas hergestellt. Gin zählt mit jährlich weltweit rund 700 Millionen verkauften Flaschen zu den erfolgreichsten Spirituosen überhaupt.

Gin, für den in Deutschland ein Mindestalkoholgehalt von 37,5% Vol. vorgeschrieben ist, wird trotz seiner Klarheit und seines aromatischen Bouquets selten pur getrunken. Er ist jedoch als Basis für Cocktails und Longdrinks unentbehrlich im Bestand jeder Bar.

Gimlet
4 cl Gin
2 cl Rose's Lime Juice

Gin und Lime Juice mit Eiswürfeln im Rührglas gut vermischen, in ein Cocktailglas abseihen und mit einer Limonenscheibe garnieren. Das Verhältnis zwischen Gin und Lime Juice kann man nach Geschmack verändern. Statt mit Gin läßt sich der *Gimlet* auch mit Wodka mixen.

Martini Dry
5 cl Gin
1 cl Vermouth Dry

Die Zutaten in ein mit Eiswürfeln gefülltes Rührglas geben, gut vermischen und in ein gekühltes Cocktailglas abseihen. Eine grüne Olive dazugeben oder mit Zitronenschale abspritzen.

Gibson
5 cl Gin
1 cl Vermouth Dry

Zubereitung wie *Martini Dry.* Anstelle der Olive einige kleine Cocktailzwiebeln dazugeben.

White Lady
4 cl Gin
2 cl Cointreau
2 cl Zitronensaft

Im Shaker mit Eiswürfeln gut schütteln und in eine Cocktailschale abseihen.

Bronx
4 cl Gin
2 cl Vermouth Rosso
2 cl Vermouth Dry
3 cl Orangensaft

Zubereitung wie *White Lady.*

Gin Alexander
4 cl Gin
2 cl Crème de Cacao Weiß
4 cl Sahne

Zubereitung wie *White Lady.*
Mit etwas Muskat bestreuen.

Flamingo
4 cl Gin
2 cl Apricot Brandy
2 cl Zitronensaft
1 Barlöffel Grenadine

Zubereitung wie *White Lady.*

Paradise
4 cl Gin
2 cl Apricot Brandy
4 cl Orangensaft

Zubereitung wie *White Lady.*

Silvia *1986
3 cl Gin
2 cl Crème de Bananes
1 cl Cointreau
4 cl Orangensaft

Zubereitung wie *White Lady.*

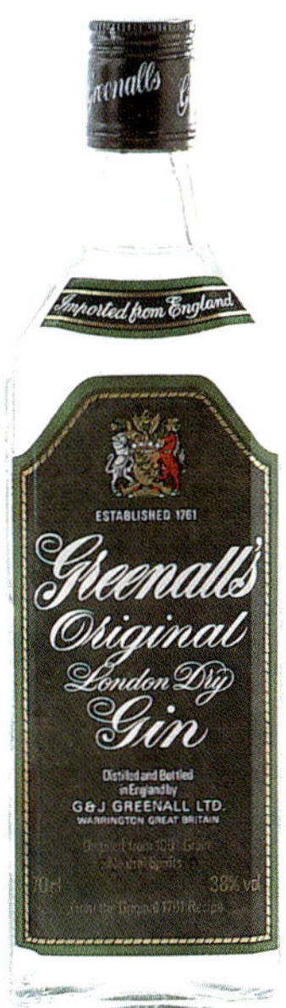

Blue Lady
4 cl Gin
2 cl Curaçao Blue
2 cl Zitronensaft

Zubereitung wie *White Lady.*

Blue Lady *Martini Dry*

Gin

Tom Collins
5 cl Gin
3 cl Zitronensaft
2 cl Zuckersirup
Sodawasser

Die Zutaten – ohne Sodawasser – mit Eiswürfeln im Shaker gut schütteln und in ein Longdrinkglas auf einige Eiswüfel abseihen. Mit etwas Sodawasser auffüllen. Mit einer Zitronenscheibe und einer Cocktailkirsche garnieren.

Singapore Sling
4 cl Gin
2 cl Cherry Brandy/Kirschlikör
3 cl Zitronensaft
1 cl Grenadine
Sodawasser

Zubereitung wie *Tom Collins.*

Florida Sling *1972
4 cl Gin
2 cl Cherry Brandy/Kirschlikör
3 cl Zitronensaft
1 cl Grenadine
6 cl Ananassaft

Die Zutaten im Shaker mit Eiswürfeln gut schütteln und in ein mit Eiswürfeln zur Hälfte gefülltes Longdrinkglas abseihen. Mit Kirschen und Ananasstükken garnieren.

Saxonia
4 cl Gin
2 cl Apricot Brandy
1 cl Grenadine
2 cl Zitronensaft
6 cl Orangensaft

Zubereitung wie *Florida Sling.* Mit einer Orangenscheibe und einer Cocktailkirsche garnieren.

Claridge
2 cl Gin
2 cl Vermouth Dry
1 cl Cointreau
1 cl Apricot Brandy

Die Zutaten mit Eiswürfeln im Rührglas gut vermischen und in ein gekühltes Cocktailglas abseihen.

Strawberry Dawn
4 cl Gin
2 Barlöffel feste oder
4 cl flüssige Cream of Coconut
einige Erdbeeren

Die Zutaten im Elektromixer gut durchmixen. Die Mischung mit Eiswürfeln im Shaker gut schütteln und in eine Schale abseihen. Eine Erdbeere an den Glasrand stecken.

Strawberry Dawn *Singapore Sling*

Gin Fizz
5 cl Gin
3 cl Zitronensaft
2 cl Zuckersirup
Sodawasser

Die Zutaten – ohne Sodawasser – mit Eiswürfeln im Shaker lange und kräftig schütteln. In ein Longdrinkglas abseihen und mit etwas Sodawasser auffüllen.

Orangen Fizz
5 cl Gin
5 cl Orangensaft
2 cl Zitronensaft
1 cl Zuckersirup
Sodawasser

Zubereitung wie *Gin Fizz.*

Silver Fizz
5 cl Gin
3 cl Zitronensaft
2 cl Zuckersirup
1 Eiweiß
Sodawasser

Zubereitung wie *Gin Fizz.*

Golden Fizz
5 cl Gin
3 cl Zitronensaft
2 cl Zuckersirup
1 Eigelb
Sodawasser

Zubereitung wie *Gin Fizz.*

Royal Fizz
5 cl Gin
3 cl Zitronensaft
2 cl Zuckersirup
1 Ei
Sodawasser

Zubereitung wie *Gin Fizz.*

Sarabande
4 cl Gin
4 cl Crème de Cacao Braun
8 cl Orangensaft
4 cl Sahne
1 Eiweiß

Mit Eiswürfeln im Shaker gut schütteln und in ein Longdrinkglas auf einige Eiswürfel abseihen. Den fertigen Drink mit Schokoladenraspel bestreuen.

Big Ben *1986
5 cl Gin
2 cl Zitronensaft
4 cl Orangensaft
1 cl Grenadine
Bitter Lemon

Die Zutaten – ohne Bitter Lemon – mit Eiswürfeln im Shaker gut schütteln und in ein Longdrinkglas auf Eiswürfel abseihen. Mit Bitter Lemon auffüllen. An den Glasrand eine Limonenscheibe mit einer Cocktailkirsche stecken.

Was Sie mit Gin noch mixen können:

Pink Lady

Tom Collins

Pink Lady
4 cl Gin
2 cl Calvados
1-2 cl Zitronensaft
1-2 cl Grenadine
1 Eiweiß

Die Zutaten im Shaker mit Eiswürfeln gut schütteln und in ein Stielglas abseihen.

Clover Club
4 cl Gin
2 cl Zitronensaft
1 cl Grenadine
1 Eiweiß

Zubereitung wie *Pink Lady.*

Hot Toddy
5 cl Gin
3 cl Zitronensaft
2 cl Zuckersirup
Nelken
Zimtstange

Gin, Zitronensaft und Zuckersirup erhitzen, in ein feuerfestes Glas geben und mit heißem Wasser auffüllen. Nelken und Zimtstange dazugeben.

Gin Tonic
4 cl Gin
Tonic Water

Den Gin in ein Longdrinkglas mit Eiswürfeln geben und mit Tonic Water auffüllen. Eine halbe Scheibe Zitrone dazugeben.

Gin Orange
4 cl Gin
10 cl Orangensaft

Gin und Orangensaft in ein mit Eiswürfeln gefülltes Longdrinkglas geben, kurz rühren. Eine Orangenscheibe an den Glasrand stecken.

Gin Sour
5 cl Gin
3 cl Zitronensaft
1-2 cl Zuckersirup

Die Zutaten im Shaker mit Eiswürfeln kräftig schütteln und in ein Stielglas abseihen. Mit einer halben Orangenscheibe und einer Cocktailkirsche garnieren.

Red Snapper
5 cl Gin
1 cl Zitronensaft
12 cl Tomatensaft
3-5 Spritzer Worcestershire Sauce
2 Spritzer Tabasco
frisch gemahlener Pfeffer
Selleriesalz

Die Gewürze, den Gin und den Zitronensaft in ein Longdrinkglas mit einigen Eiswürfeln geben, mit Tomatensaft auffüllen und gut rühren.

Destillerie von Gordons und Tanqueray in London in der Goswell Road

Wodka

Das russische Nationalgetränk Wodka (deutsch: Wässerchen) hat seinen Ursprung in Polen. Dort bezeichnete man als Wodka verschiedene, als Heilmittel geltende Wässer.
Der Zeitpunkt der ersten alkoholischen Destillation ist unbekannt. Sicher ist aber, daß in Polen bereits im 17. Jahrhundert sich viele der Wodkabrennerei widmeten. Wodka war bis Anfang des 20. Jahrhunderts nur in Polen und Rußland verbreitet. Erst nach dem Ersten Weltkrieg begannen russische Emigranten außerhalb ihrer alten Heimat mit der Wodkaproduktion. In Deutschland beschränkte sich die Herstellung anfangs hauptsächlich auf Berlin.
Für die westliche Welt begann vor 30 Jahren das Wodkazeitalter. In den USA, dem klassischen Land der Mixgetränke, ersetzte der Wodka vielfach den Gin, da er sich den amerikanischen Trinksitten besser anpaßte.
Als Rohstoffe werden bei der Wodkaherstellung hauptsächlich Gerste, Roggen, Weizen oder auch Kartoffeln verwendet. Die Auswahl der Rohstoffe hat jedoch kaum Bedeutung, da sich bei der mehrfach aufeinanderfolgenden Destillation fast alle Geschmacksstoffe verlieren.
Bei Wodka will man, im Gegensatz zu anderen Spirituosen, ein reines, weiches, neutral schmeckendes Produkt. Dies wird durch eine mehrfache, meist über Holzkohle vorgenommene Filtrierung erreicht.
Außer den klaren, neutralen Wodkas werden auch aromatische Sorten hergestellt. Die bekanntesten sind der polnische Grasovka (Zubrovka) und der schwedische Absolut Citron. Während der gelbliche Zubrovka durch die Zugabe des cumarinhaltigen Büffelgrashalmes aromatisiert wird und dadurch einen an Waldmeister erinnernden Geschmack erhält, weist der klare Absolut Citron ein erfrischendes Zitronenaroma auf. Mit Grasovka und Absolut Citron gemixte Drinks erhalten eine zusätzliche, aparte Geschmacksnote.
Da die benötigten Rohstoffe für die Wodkaherstellung nicht von geographischen Verhältnissen abhängig sind, ist auch die Produktion über die ganze Welt verbreitet. Wodka wird außer in den traditionellen Ländern Polen und Rußland in Finnland, Schweden, Deutschland, England, Kanada und in großem Umfang auch in den USA hergestellt.

Pur trinkt man Wodka eisgekühlt, on the rocks, mit Fruchtsäften oder Bitter Limonaden. Weltbekannt sind Longdrinks wie Screw Driver und Wodka Tonic.
Aufgrund seiner vielfachen Verwendungsmöglichkeiten ist Wodka heute aus dem Bestand einer Bar nicht mehr wegzudenken.

Wodka Martini
5 cl Wodka
1 cl Vermouth Dry

Die Zutaten in ein mit Eiswürfeln gefülltes Rührglas geben, gut vermischen und in ein gekühltes Cocktailglas abseihen. Eine grüne Olive dazugeben oder mit Zitronenschale abspritzen.

Wodka Gimlet
4 cl Wodka
2 cl Rose's Lime Juice

Wodka und Lime Juice mit Eiswürfeln im Rührglas gut vermischen, in ein Cocktailglas abseihen und mit einer Limonenscheibe garnieren.
Das Verhältnis zwischen Wodka und Lime Juice kann man je nach Geschmack verändern. Der Original-Gimlet wurde mit Gin gemixt, Wodka Gimlet ist die moderne Version.

Wodka Gibson
5 cl Wodka
1 cl Vermouth Dry

Zubereitung wie *Wodka Martini*.
Anstelle der Olive einige kleine Cocktailzwiebeln dazugeben.

Francesca Crusta
3 cl Wodka
2 cl Curaçao Blue
2 cl Grapefruitsaft
2 cl Ananassaft

Den Rand eines Ballonglases in einem Zitronenviertel drehen und in eine mit Zucker gefüllte Schale tupfen. In das Glas eine Zitronenspirale geben. Die Zutaten im Shaker mit Eiswürfeln kräftig schütteln und in das vorbereitete Glas abseihen. Mit kurzen Trinkhalmen servieren.

Swimming Pool
3 cl Wodka
3 cl Curaçao Blue
2 cl Sahne
8 cl Ananassaft
1 Barlöffel feste oder
2 cl flüssige Cream of Coconut

Im Elektromixer gut durchmixen und in ein mit gestoßenem Eis zur Hälfte gefülltes Longdrinkglas abgießen. Mit Früchten garnieren.

Chi-Chi
6 cl Wodka
8 cl Ananassaft
2 Barlöffel feste oder
4-6 cl flüssige Cream of Coconut

Zubereitung wie *Swimming Pool*.

Wodka Gimlet

Swimming Pool

Wodka

Barbara
4 cl Wodka
2 cl Crème de Cacao Braun
4 cl Sahne

Die Zutaten im Shaker mit Eiswürfeln gut schütteln und in eine Cocktailschale abseihen.

Balalaika
4 cl Wodka
2 cl Cointreau
2 cl Zitronensaft

Zubereitung wie *Barbara.*

White Cloud
4 cl Wodka
2 cl Crème de Cacao Weiß
2 cl Sahne
1 Barlöffel feste oder
2 cl flüssige Cream of Coconut

Im Elektromixer gut durchmixen. Die Mischung im Shaker mit Eiswürfeln gut schütteln und in eine Cocktailschale abseihen.

Road Runner
4 cl Wodka
2 cl Amaretto
2 cl Sahne
1 Barlöffel feste oder
2 cl flüssige Cream of Coconut

Zubereitung wie *White Cloud*

Wodka Tonic
4 cl Wodka
Tonic Water

Den Wodka in ein mit Eiswürfeln gefülltes Longdrinkglas geben, mit Tonic Water auffüllen. Eine halbe Scheibe Zitrone dazugeben.

Springtime Cooler *White Cloud*

Wodka Sour
5 cl Wodka
3 cl Zitronensaft
1-2 cl Zuckersirup

Die Zutaten im Shaker mit Eiswürfeln kräftig schütteln und in ein Stielglas abseihen. Mit einer halben Orangenscheibe und einer Cocktailkirsche garnieren.

Wodka Fizz
5 cl Wodka
3 cl Zitronensaft
2 cl Zuckersirup
Sodawasser

Die Zutaten – ohne Sodawasser – mit Eiswürfeln im Shaker lange und kräftig schütteln. In ein Longdrinkglas abseihen und mit etwas Sodawasser auffüllen.

Wodka Collins
5 cl Wodka
3 cl Zitronensaft
2 cl Zuckersirup
Sodawasser

Die Zutaten – ohne Sodawasser – mit Eiswürfeln im Shaker gut schütteln und in ein Longdrinkglas auf einige Eiswürfel abseihen. Mit etwas Sodawasser auffüllen. Mit einer Zitronenscheibe und einer Cocktailkirsche garnieren.

Bloody Mary
5 cl Wodka
1 cl Zitronensaft
frisch gemahlener Pfeffer
Selleriesalz
2 Spritzer Tabasco
3-5 Spritzer Worcestershire Sauce
12 cl Tomatensaft

In ein Longdrinkglas auf einige Eiswürfel die Gewürze, Zitronensaft und den Wodka geben. Mit Tomatensaft auffüllen und gut rühren.

Bull Shot
Eine Variante der *Bloody Mary.*
Man verwendet anstelle von Tomatensaft die gleiche Menge Consommé.

Ramrod
Ebenfalls eine Variante der *Bloody Mary.* Es werden zum Auffüllen je zur Hälfte Tomatensaft und Consommé verwendet.

Moscow Mule
6 cl Wodka
1-2 Limonen
Ginger Ale
Gurkenschale

In einen Metallkrug Eiswürfel geben, die Limonen vierteln, den Saft in den Krug pressen und einige der Limonenviertel dazugeben. Den Wodka darübergießen, mit Ginger Ale auffüllen und mit einer Gurkenschale garnieren.

Salty Dog
5 cl Wodka
Grapefruitsaft

Den Rand eines Longdrinkglases in einem Zitronenviertel drehen, in eine mit Salz gefüllte Schale tupfen, nicht haftendes Salz durch leichtes Klopfen am Glas entfernen.
Einige Eiswürfel in das Glas geben, den Wodka darübergießen und mit Grapefruitsaft auffüllen, leicht rühren.

Springtime Cooler *1985
4 cl Grasovka Wodka
2 cl Curaçao Blue
6 cl Orangensaft
3 cl Zitronensaft
1 cl Zuckersirup

Mit Eiswürfeln im Shaker gut schütteln und in ein Longdrinkglas auf einige Eiswürfel abseihen. Mit Früchten garnieren.

Mango Cooler
4 cl Wodka
2 cl Cointreau
4 cl Orangensaft
2 cl Zitronensaft
8 cl Mangonektar

Zubereitung wie *Springtime Cooler.*

Blue Lagoon
4 cl Wodka
2 cl Curaçao Blue
1 cl Zitronensaft
Seven Up oder Sprite

Wodka, Curaçao Blue und den Zitronensaft in ein Longdrinkglas auf einige Eiswürfel geben und mit der Zitronenlimonade auffüllen. Mit einer Zitronenscheibe und einer Cocktailkirsche garnieren.

Screw Driver
5 cl Wodka
12 cl Orangensaft

Wodka und Orangensaft in ein mit Eiswürfeln gefülltes Longdrinkglas geben, kurz rühren. Eine Orangenscheibe an den Glasrand stecken.

Was Sie mit Wodka noch mixen können:

Moscow Mule *Bloody Mary*

Rum

Die Geschichte des Rum ist untrennbar mit dem Zeitalter der großen Entdeckungen verbunden.
Christoph Kolumbus war es, der indirekt dazu beitrug, daß der Rum – eine der vielseitigsten und aromatischsten Spirituosen in der damaligen „Neuen Welt" – entstehen konnte.

Kolumbus wußte um den großen Handelswert des Zuckers. Als er bei seiner ersten Landung in der Karibik 1492 das feuchtwarme Klima kennengelernt hatte, war für ihn klar: Dort mußte Zuckerrohr besonders gut gedeihen. Bei seiner zweiten Fahrt, zwei Jahre später, hatte er Zuckerrohrpflänzchen an Bord. Damals konnte er allerdings nicht ahnen, daß er damit den Grundstein für den späteren Reichtum der von ihm entdeckten Inseln legte.
Schon nach wenigen Jahren waren zunächst auf Haiti, später auf vielen anderen karibischen Inseln und sogar auf dem Festland große Pflanzungen entstanden.
In den ersten Jahren war es die indianische Urbevölkerung, die das Zuckerrohr pflanzte, erntete und weiterverarbeitete. Dann brachten die Eroberer Sklaven aus Afrika ins Land.
Sie brauten aus den Fruchtrückständen und den süßen Säften des Zuckerrohrs ein berauschendes Getränk. Es war eine Art primitives Bier.
Jetzt war es nur noch ein kleiner Schritt, bis man entdeckte, welch einzigartiger Rohstoff Zuckerrohr darstellt, um mit dem bereits in der Alten Welt bekannten Destillationsverfahren ein köstliches Getränk herzustellen. Keine andere Pflanze liefert bis heute diese Kombination von ätherischen Ölen und Geschmacksstoffen, die die Voraussetzung für Rum sind.
Ohne Zuckerrohr gibt es keinen echten Rum. Doch nicht jedes Zuckerrohr liefert die gewünschte gute Qualität. So gibt es inzwischen Rumdestillate aus Madagaskar, Mauritius, den Philippinen und noch anderen tropischen Gegenden. Doch nirgends reicht die Qualität an die Erzeugnisse heran, die von den Inseln kommen, auf denen einst der Rum geboren wurde.
Der um das Jahr 1630 erstmals destillierte Rum hält einen Vergleich mit dem heute angebotenen natürlich nicht aus. Man sprach damals auch noch nicht von Rum, sondern von „Tafia". Es war eine Bezeichnung der karibischen Inselwelt. Der Name Rum, so glaubt man heute, entstand als Abkürzung aus dem Wort „Rumbuillon", in der britischen Seefahrt der Begriff für Krawall, Krach oder etwas Stürmisches. Wahrscheinlich ist das ein Hinweis auf die Tumulte, die manchem Trinkgelage folgten.
Eine andere naheliegende Erklärung wäre die Ableitung vom lateinischen Wort Zucker: saccharum.
Rum wird heute durch Vergären und Destillieren von Zuckerrohrsaft, Melasse, Sirup oder anderen bei der Rohrzukkerherstellung anfallenden Stoffen gewonnen. Der in den einzelnen Ursprungsländern übliche Herstellungsprozeß gibt dem Rum die jeweiligen spezifischen Eigenschaften. Es gibt unendlich viele Rumsorten, immer abhängig vom Ausgangsprodukt, dem Destillierverfahren und der Verarbeitung. Die Palette reicht vom leichten, weißen Rum mit zartem Aroma bis zum braunen, schweren Rum, dem sogenannten German-Flavour-Typ, der zur Herstellung von deutschem Rum verwendet wird.
Die Lagerzeit für leichten Rum liegt zwischen drei und sechs Monaten. Schwere Sorten dagegen brauchen manchmal Jahre zur Reife. Gelagert wird in Eichenholzfässern. Während der Reifezeit zieht das Destillat Geschmacksstoffe und auch Farbe aus dem Holz. Der Rum bekommt eine goldfarbene Tönung.

Die gleichmäßig braune Farbe wird durch Zusatz von gebranntem Zucker bei der letzten Verarbeitungsstufe erreicht. Soll der Rum weiß bleiben, lagert man ihn kürzer oder füllt ihn frühzeitig in Tanks aus rostfreiem Stahl.
Verwirrung stiften die Zusatzbezeichnungen Original-Rum, Echter Rum und Rum-Verschnitt.
Mit Original-Rum wird ein aus dem Ausland eingeführtes Produkt bezeichnet, das unverändert in den Handel kommt. Echter Rum ist Original-Rum, der auf Trinkstärke (mindestens 37,5% Vol.) herabgesetzt wurde. Rum-Verschnitt ist eine Mischung aus Original-Rum, neutralem Alkohol und Wasser. Rum-Verschnitt kennt man seit 1887. Damals wurde durch ein neues Gesetz der Einfuhrzoll geändert. Hieß es vorher „per Liter reinen Alkohol", hieß es jetzt „per Liter Ware". Die Folge: Der Rum wurde auf 73 bis 80% Vol. hochgebrannt, um den Export nach Deutschland zu erleichtern. So entstand der German-Flavoured-Rum.
Aber es gab noch eine zweite Folge dieses Gesetzes: Dem Export-Rum wurde auch noch der Alkohol entzogen, und damit wurden die geschmackstragenden Esterstoffe konzentriert.
In Deutschland wurden diesem Konzentrat Alkohol und Wasser zugesetzt – es entstand der „Rum-Verschnitt".
Rum ist vielseitig zu verwenden: natürlich pur, zum Tee, als Grog, zur Feuerzangenbowle, als Punsch, im Rumtopf, zum Flambieren und besonders natürlich zum Mixen von Cocktails und Longdrinks.
Weltbekannte Mixgetränke wie Cuba Libre, Daiquiri, Planter's Punch, Mai Tai oder Zombie erfordern unbedingt weißen und braunen Rum in der Bar.

Rum

El Presidente
4 cl Weißer Rum
2 cl Vermouth Dry
1 cl Cointreau
1 Barlöffel Grenadine

Die Zutaten im Rührglas mit Eiswürfeln gut verrühren und in eine Cocktailschale abseihen.

Daiquiri
5 cl Weißer Rum
3 cl Zitronensaft
2 cl Zuckersirup

Mit Eiswürfeln im Shaker gut schütteln und in eine Cocktailschale abseihen

Pink Daiquiri
5 cl Weißer Rum
3 cl Zitronensaft
1 cl Zuckersirup
1 cl Grenadine

Zubereitung wie *Daiquiri.*

Frozen Daiquiri
5 cl Weißer Rum
3 cl Zitronensaft
2 cl Zuckersirup

Mit gestoßenem Eis im Elektromixer gut durchmixen und ohne abzuseihen in eine Cocktailschale gießen.

Banana Daiquiri
1/2 Banane
5 cl Weißer Rum
3 cl Zitronensaft
2 cl Zuckersirup

Im Elektromixer gut durchmixen. Die Mischung im Shaker mit Eiswürfeln gut schütteln und in eine Cocktailschale abseihen. Einen Spieß mit Bananenstücken und Cocktailkirschen über den Glasrand legen.

Strawberry Daiquiri
3-5 Erdbeeren
5 cl Weißer Rum
3 cl Zitronensaft
2 cl Zuckersirup

Zubereitung wie *Banana Daiquiri.* Eine Erdbeere an den Glasrand stecken.

Peach Daiquiri
1/2 geschälter Pfirsich
5 cl Weißer Rum
3 cl Zitronensaft
2 cl Zuckersirup

Zubereitung wie *Banana Daiquiri.* Mit einem Stück Pfirsich dekorieren.

Mojito
1 Limone
4 cl Weißer Rum
1 cl Zuckersirup
Sodawasser

In ein mittelgroßes Glas einige Eiswürfel geben, die Limone vierteln, den Saft in das Glas pressen und die Limonenstücke dazugeben, Zuckersirup und Rum dazugießen, mit Sodawasser auffüllen und kurz rühren.
Mit einem Minzezweig garnieren.

Pina Colada
6 cl Brauner Rum
8 cl Ananassaft
2 Barlöffel feste oder
4-6 cl flüssige Cream of Coconut
1Scheibe Ananas, in Stücke geschnitten

Die Zutaten im Elektromixer gut durchmixen und in ein mit gestoßenem Eis halb gefülltes Longdrinkglas gießen.
Mit Ananasstück, Cocktailkirsche und Minzezweig garnieren.

Bahia
6 cl Weißer Rum
8 cl Ananassaft
2 Barlöffel feste oder
4-6 cl flüssige Cream of Coconut

Zubereitung wie *Pina Colada.*

Strawberry Colada
6 cl Weißer Rum
6 cl Ananassaft
2 cl Zitronensaft
2 Barlöffel feste oder
4 cl flüssige Cream of Coconut
einige Erdbeeren

Zubereitung wie *Pina Colada.*
Mit einer Erdbeere am Glasrand dekorieren.

Hot Leg's
3 cl Weißer Rum
3 cl Brauner Rum
3 cl Curaçao Blue
2 cl Zitronensaft
6 cl Ananassaft
2 Barlöffel feste oder
4 cl flüssige Cream of Coconut

Zubereitung wie *Pina Colada.*
Mit Früchten garnieren.

Sugar Bird
3 cl Weißer Rum
3 cl Cognac
1 Ei
2 cl Zitronensaft
5 cl Ananassaft
1/2 Banane
2 cl Sahne
2 cl Zuckersirup

Zubereitung wie *Pina Colada.*

Käpt'n Chaos
5 cl Weißer Rum
3 cl Wodka
2 cl Gin
5 cl Orangensaft
3 cl Maracujasaft
2 cl Zitronensaft

Mit Eiswürfeln im Shaker gut schütteln und in ein Longdrinkglas auf einige Eiswürfel abseihen.
Mit Früchten garnieren.

Turn off the Lights

2 cl hochprozentiger Jamaica Rum
2 cl Wodka
2 cl Tequila
1 cl Curaçao Triple Sec
10 cl Orangensaft
1 Spritzer Angostura
einige Tropfen Grenadine

Zubereitung wie *Käpt'n Chaos.*

Pedro Collins

5 cl Weißer Rum
3 cl Zitronensaft
2 cl Zuckersirup
Sodawasser

Die Zutaten – ohne Sodawasser – mit Eiswürfeln im Shaker gut schütteln und in ein Longdrinkglas auf einige Eiswürfel abseihen. Mit etwas Sodawasser auffüllen. Mit Zitronenscheibe und Cocktailkirsche garnieren.

Rum Sour

5 cl Weißer/Brauner Rum
3 cl Zitronensaft
1-2 cl Zuckersirup

Im Shaker mit Eiswürfeln kräftig schütteln und in ein Stielglas abseihen. Mit einer halben Orangenscheibe und einer Cocktailkirsche garnieren.

Melon Kiss

6 cl Weißer Rum
4cl Rose's Lime Juice
1-2 cl Zitronensaft
1-2 cl Maracujasirup
10 cl pürierte Ugo- oder Veroneser Netzmelone
Schweppes Bitter Lemon

Die Zutaten – ohne Bitter Lemon – mit Eiswürfeln im Shaker gut schütteln, in ein großes Longdrinkglas auf einige Eiswürfel abseihen, mit etwas Bitter Lemon auffülllen. Garnieren mit einem Melonenstück, einer Cocktailkirsche und einer Kiwischeibe.

Strawberry Daiquiri

Blue Hawaii

Mojito

Tropical Itch

2 cl Weißer Rum
2 cl Brauner Rum
2 cl Wodka
2 cl Grand Marnier
1 cl Zitronensaft
12 cl Mangosaft

Zubereitung wie *Planter's Punch.*
Mit einer Orangenscheibe, einer Cocktailkirsche und einem Minzezweig garnieren.

Blue Hawaii

2 cl Weißer Rum
2 cl Cointreau
2 cl Curaçao Blue
4-6 cl Sahne

Mit Eiswürfeln im Shaker gut schütteln und in eine Cocktailschale abseihen.

Alexander's Baby

4 cl Brauner Rum
2 cl Crème de Cacao Braun
4-6 cl Sahne

Zubereitung wie *Blue Hawaii.*
Mit etwas Muskat bestreuen.

Siboney

4 cl Brauner Rum
2 cl Zitronensaft
2 cl Ananassaft
2 cl Maracujasaft

Zubereitung wie *Blue Hawaii.*

Golden Gate Sling

3 cl Weißer Rum
3 cl Cointreau
3 cl Zitronensaft
2 cl Grenadine
Schweppes Bitter Orange

Zutaten – ohne Bitter Orange – mit Eis im Shaker gut schütteln und in ein zur Hälfte mit Eiswürfeln gefülltes Longdrinkglas abseihen. Mit Bitter Orange auffüllen und mit einer Zitronenscheibe und Cocktailkirschen garnieren.

Rum

Cuba Libre
4 cl Weißer Rum
3 Spritzer Zitronensaft
Cola

Den Rum in ein mit Eiswürfeln gefülltes Longdrinkglas gießen, Zitronensaft dazugeben und mit Cola auffüllen. Leicht umrühren, eine halbe Scheibe Zitrone in den Drink geben.

Tallyman's Drink
4 cl Jamaica Rum
2 cl Crème de Bananes
2 cl Zitronensaft
4 cl Orangensaft

Mit Eiswürfeln im Shaker gut schütteln und in ein Old-Fashioned-Glas auf einige Eiswürfel abseihen. Mit Bananenstücken und Cocktailkirschen garnieren.

Dorothy Lamour
4 cl Weißer Rum
2 cl Crème de Bananes
2 cl Mangosaft
2 cl Zitronensaft

Zubereitung wie *Tallyman's Drink.*

American Grog
4 cl Brauner Rum
2 cl Zitronensaft
2 Stück Würfelzucker
1 Zimtstange
1 Zitronenscheibe
Nelken

Rum, Zucker und Zitronensaft erhitzen, in ein vorgewärmtes, feuerfestes Glas geben und mit heißem Wasser auffüllen. Nelken, Zimt und die Zitronenscheibe dazugeben.

Scorpion
6 cl Weißer Rum
2 cl Cognac
8 cl Orangensaft
2 cl Zitronensaft
2 cl Orgeat/Orzata-Mandelextrakt

Mit Eiswürfeln im Shaker gut schütteln und in ein Longdrinkglas auf einige Eiswürfel abseihen.
Mit einer Gardenie dekorieren.

Pineapple Fizz
5 cl Weißer Rum
3 cl Zitronensaft
2 cl Zuckersirup
6 cl Ananassaft
Sodawasser

Die Zutaten – ohne Sodawasser – mit Eiswürfeln lange und kräftig schütteln und in ein Longdrinkglas abseihen. Mit etwas Sodawasser auffüllen.

Key West
5 cl Weißer Rum
1 cl Crème de Menthe Grün
1 cl Zitronensaft
4 cl Ananassaft
Sodawasser

Zubereitung wie *Pineapple Fizz.*
Mit einem Minzezweig garnieren.

Pharisäer
4 cl Brauner Rum
1 Tasse heißer Kaffee
1-2 Teelöffel Zucker
leicht geschlagene Sahne

Rum, Zucker und Kaffee in eine vorgewärmte Tasse geben und gut verrühren. Die Sahne als Haube daraufsetzen.

Hot Chocolate
4 cl Brauner Rum
1 Tasse heiße Schokolade
steif geschlagene Sahne
Schokoladenraspel

Rum und heiße Schokolade in eine vorgewärmte Tasse gießen. Die Sahne daraufgeben und mit Schokoladenraspel bestreuen.

Banana Royal
1/2 Banane
5 cl Brauner Rum
8 cl Ananassaft
2 cl Sahne
2 Barlöffel feste oder
4 cl flüssige Cream of Coconut

Im Elektromixer gut durchmixen, die Mischung im Shaker mit Eiswürfeln gut schütteln und in ein Longdrinkglas auf einige Eiswürfel abseihen. Mit Früchten garnieren.

Blue Hawaiian
4 cl Weißer Rum
2 cl Curaçao Blue
8 cl Ananassaft
2 Barlöffel feste oder
4 cl flüssige Cream of Coconut

Zubereitung wie *Banana Royal.*

Goldie
3 cl Weißer Rum
2 cl Cherry Brandy/Kirschlikör
2 cl Cointreau
3 cl Orangensaft
Schweppes Bitter Orange

Die Zutaten – ohne Bitter Orange – mit Eiswürfeln im Shaker gut schütteln. In ein Longdrinkglas auf einige Eiswürfel abseihen. Mit Bitter Orange auffüllen. Garnieren mit einer Zitronenscheibe, Kirschen und einem Minzezweig.

Orangen Punch *1978
4 cl Brauner Rum
2 cl Cointreau
2 cl Zimtsirup
6 cl Orangensaft
1 Tasse heißer Tee

Die Zutaten erhitzen und in eine vorgewärmte Tasse geben. Mit dem heißen Tee auffüllen.
Eine mit Nelken gespickte Orangenscheibe in den Punch geben.

Zombie
4 cl Weißer Rum
4 cl Brauner Rum
2 cl hochprozentiger Jamaica Rum
2 cl Cointreau
2 cl Grenadine
2 cl Maracujasirup
4 cl Zitronensaft
4 cl Orangensaft
4 cl Ananassaft

Die Zutaten mit Eiswürfeln im Shaker gut schütteln und in ein zur Hälfte mit gestoßenem Eis gefülltes Longdrinkglas abseihen.
Mit einem Ananasstück, einer Cocktailkirsche und Minze garnieren.

Mai Tai
2 Limonen
6 cl Brauner Rum
2 cl Cointreau
1 cl Zuckersirup
2 cl Zitronensaft
1-2 cl Orgeat/Orzata-Mandelextrakt

Ein Longdrinkglas zur Hälfte mit gestoßenem Eis füllen. Die Limonen vierteln, über dem Glas auspressen und einige Limonenstücke dazugeben. Die anderen Zutaten mit Eis im Shaker gut schütteln und in das Glas abseihen. Kurz umrühren. Mit Cocktailkirsche und Minzezweig garnieren.

Cubanito
Selleriesalz
frisch gemahlener Pfeffer
2 Spritzer Tabasco
3-5 Spritzer Worcestershire Sauce
1 cl Zitronensaft
5 cl Weißer Rum
12 cl Tomatensaft

In ein Longdrinkglas auf einige Eiswürfel die Gewürze, Zitronensaft und den Rum geben, mit Tomatensaft auffüllen und gut rühren (Reihenfolge ist wichtig).

Planter's Punch
1-2 cl Grenadine
1 cl Zitronensaft
3 cl Ananassaft
3 cl Orangensaft
3 cl Grapefruitsaft
3 cl Brauner Rum
3 cl Weißer Rum

Die Zutaten mit Eiswürfeln im Shaker gut schütteln und in ein zur Hälfte mit Eiswürfeln gefülltes Longdrinkglas abseihen.
Mit einem Ananasstück und einer Cocktailkirsche garnieren.
Diesen fruchtigen Rum-Drink kann man auf viele Arten mit zueinander passenden Säften und Sirup verändern. Das Verhältnis zwischen braunem und weißem Rum bestimmt den alkoholischen Geschmack.

Mai Tai *Pina Colada* *Zombie*

Was Sie mit Rum noch mixen können:

Tequila

Tequila, Mexikos Nationalgetränk, ist in Deutschland noch eine Spezialität, die jedoch als interessante Basis für Longdrinks und Cocktails genau im Trend liegt.
Gewonnen wird Tequila aus der Agave, von der es mehrere hundert Arten gibt, jedoch nur eine einzige, die „Tequilana Weber", liefert den Rohstoff für Tequila.
Hauptanbaugebiet hierfür ist der mexikanische Bundesstaat Jalisco rund um das Städtchen Tequila.

Die kleine Stadt gab dem großen Getränk seinen Namen. Die hügelige Landschaft rund um Tequila – etwa auf demselben Breitengrad wie Bombay gelegen – bietet ideale klimatische Bedingungen für die Agaven, die hier bei hohen Temperaturen wachsen.
Zur Tequila-Herstellung wird nur das Herzstück der Agave, das nach dem Herausschälen in kupfernen Brennöfen destilliert wird, verwendet.
Die weißen und braunen Sorten unterscheiden sich erheblich. Während die weißen nach der Destillation gleich abgefüllt werden und dadurch ihr wasserhelles Aussehen und den frischen Geschmack behalten, entsteht bei den Gold-Tequilas durch die ein- bis dreijährige Eichenholzfaßlagerung ein schweres, fast rauchiges Aroma.
Die Mexikaner trinken Tequila am liebsten pur. Auf traditionelle Art wird dabei eine Prise Salz auf die Fläche zwischen Daumen und Zeigefinger der leicht geballten Faust gestreut und mit der Zunge aufgenommen, mit dem Saft eines Zitronenschnitzes im Mund vermischt und heruntergeschluckt. Danach kommt ein kräftiger Schluck gekühlter Tequila.
Tequila eignet sich hervorragend zum Mixen von Longdrinks und Cocktails. Weltberühmtheit erlangten die Cocktails *Margarita* und *Tequila Sunrise*.

Tequila Sour
5 cl Tequila
3 cl Zitronensaft
1-2 cl Zuckersirup

Die Zutaten mit Eiswürfeln im Shaker kräftig schütteln und in ein Stielglas abseihen. Mit einer halben Orangenscheibe und einer Cocktailkirsche garnieren.

Frostbite
3 cl Tequila
2 cl Curaçao Blue
2 cl Crème de Cacao Weiß
6 cl Sahne

Mit Eiswürfeln im Shaker gut schütteln und in eine Cocktailschale abseihen.

Numero Uno
3 cl Tequila
3 cl Amaretto
4-6 cl Sahne

Zubereitung wie *Frostbite*.

Toreador
4 cl Tequila
2 cl Crème de Cacao Braun
4-6 cl Sahne

Zubereitung wie *Frostbite*.
Mit etwas Muskat bestreuen.

Gentle Bull
4 cl Tequila
2 cl Kaffeelikör
4-6 cl Sahne

Zubereitung wie *Frostbite*.
Mit etwas Muskat bestreuen.

Zorro

Margarita

Margarita
4 cl Tequila
2 cl Cointreau
2 cl Zitronensaft

Den Rand einer Cocktailschale in einem Zitronenviertel drehen und in eine mit Salz gefüllte Schale tupfen. Das nicht haftende Salz durch leichtes Klopfen am Glas entfernen.
Tequila, Cointreau und Zitronensaft im Shaker kräftig schütteln und in das präparierte Glas abseihen.

Zorro *1986
4 cl Tequila
2 cl Cointreau
1 cl Curaçao Blue
4 cl Grapefruitsaft
Tonic Water

Die Zutaten – ohne Tonic Water – in einem mit Eiswürfeln gefüllten Shaker gut schütteln und in ein Longdrinkglas auf einige Eiswürfel abseihen. Mit Tonic Water auffüllen. Mit einer Orangenscheibe und Cocktailkirschen garnieren.

Strawberry Margarita
4 cl Tequila
2 cl Cointreau
2 cl Zitronensaft
3-5 Erdbeeren

Den Rand einer Cocktailschale in einem Zitronenviertel drehen und in eine mit Zucker gefüllte Schale tupfen. Die Zutaten im Elektromixer gut durchmixen, eine Erdbeere zum Garnieren zurückbehalten. In einen mit Eiswürfeln gefüllten Shaker gießen, gut schütteln und in das vorbereitete Glas abseihen. Eine Erdbeere an den Glasrand stecken.

Tequila Daiquiri
5 cl Tequila
3 cl Zitronensaft
2 cl Zuckersirup

Mit Eiswürfeln im Shaker gut schütteln und in eine Cocktailschale abseihen.

Holiday
5 cl Tequila
3 cl Zitronensaft
2 cl Grenadine

Zubereitung wie *Tequila Daiquiri*.

Tampico
5 cl Tequila
2 cl Galliano
6 cl Preiselbeersaft
3 cl Ananassaft

Mit Eiswürfeln im Shaker gut schütteln und in ein Old-Fashioned-Glas auf einige Eiswürfel abseihen. Mit einer Limonenscheibe und Cocktailkirschen garnieren.

Icebreaker
6 cl Tequila
2 cl Cointreau
6 cl Grapefruitsaft
2 cl Grenadine

Zubereitung wie *Tampico*.

Tequila

Bloody Bull
5 cl Tequila
1 cl Zitronensaft
6 cl Tomatensaft
6 cl Consommé
2 Spritzer Tabasco
3-5 Spritzer Worcestershire Sauce
Selleriesalz
frisch gemahlener Pfeffer

In ein Longdrinkglas auf einige Eiswürfel die Gewürze, den Zitronensaft und den Tequila geben. Mit Tomatensaft sowie Consommé auffüllen und gut rühren.

World Cup Mexico 86 *1986
1 Limone
4 cl Tequila
2 cl Cointreau
2 cl Orgeat/Orzata Mandelextrakt
2 cl Rose's Lime Juice
1 cl Zuckersirup
2 cl Zitronensaft

Ein ballonförmiges Glas zur Hälfte mit Eiswürfeln füllen. Die Limone vierteln und über das Eis pressen, die Viertel dazugeben. Die übrigen Zutaten in einem mit Eiswürfeln gefüllten Shaker gut schütteln und in das Glas abseihen. Einige Cocktailkirschen ins fertige Getränk geben. An den Glasrand eine Limonenscheibe mit einer Cocktailkirsche stecken.

Tequila Sunrise

El Diabolo

Tequila Tonic
4 cl Tequila
Tonic Water

Den Tequila in ein mit Eiswürfeln gefülltes Longdrinkglas geben und mit Tonic Water auffüllen. Eine halbe Scheibe Zitrone dazugeben.

Tequila Cola
4 cl Tequila
Cola

Zubereitung wie *Tequila Tonic.*

Durango
5 cl Tequila
1 cl Orgeat/Orzata Mandelextrakt
12 cl Grapefruitsaft
Sodawasser

Die Zutaten in ein Longdrinkglas geben, gut rühren und mit etwas Sodawasser auffüllen. Beliebig mit Früchten garnieren.

Mexican Mule
6 cl Tequila
1-2 Limonen
Ginger Ale
Gurkenschale

In einen Metallkrug Eiswürfel geben. Die Limonen vierteln, den Saft in den Krug pressen, einige der Limonenstükke in den Krug geben, Tequila darübergießen, mit Ginger Ale auffüllen und mit der Gurkenschale garnieren.

Pepe's Cafe
3 cl Tequila
2 cl Kaffeelikör
1 Tasse heißer Kaffee
1-2 Teelöffel brauner Zucker
leicht geschlagene Sahne

Tequila, Kaffeelikör, Kaffee und Zucker in ein vorgewärmtes Glas geben, gut verrühren. Die Sahne als Haube daraufsetzen.

El Diabolo
1 Limone
5 cl Tequila
2 cl Crème de Cassis
Ginger Ale

Ein Longdrinkglas zur Hälfte mit Eiswürfeln füllen. Die Limone vierteln, über dem Eis auspressen und ins Glas geben. Tequila und Cassis darübergießen. Mit Ginger Ale auffüllen und kurz umrühren.

Tequila Collins
5 cl Tequila
3 cl Zitronensaft
2 cl Zuckersirup
Sodawasser

Die Zutaten – ohne Sodawasser – mit Eiswürfeln im Shaker gut schütteln und in ein Longdrinkglas auf einige Eiswürfel abseihen. Mit etwas Sodawasser auffüllen. Mit einer Zitronenscheibe und einer Cocktailkirsche garnieren.

Tequila Sunrise
6 cl Tequila
10 cl Orangensaft
1 cl Zitronensaft
1-2 cl Grenadine

Tequila, Orangen- und Zitronensaft mit Eiswürfeln im Shaker gut schütteln und in ein mit gestoßenem Eis gefülltes Longdrinkglas abseihen. Die Grenadine langsam darüberlaufen lassen. Mit einer Orangenscheibe garnieren. Vor dem Trinken gut umrühren.

Acapulco
4 cl Tequila
4 cl Weißer Rum
8 cl Ananassaft
4 cl Grapefruitsaft
2 Barlöffel feste oder
4 cl flüssige Cream of Coconut

Die Zutaten im Elektromixer gut durchmixen. Die Mischung mit Eiswürfeln im Shaker gut schütteln und auf einige Eiswürfel im Longdrinkglas abseihen. Mit beliebigen Früchten garnieren.

Tequila Rainbow
1/2 Limone
6 cl Tequila
2 cl Grenadine
3 cl Zitronensaft
3 cl Ananassaft
3 cl Orangensaft
Ginger Ale

Ein Longdrinkglas mit Eiswürfeln füllen und die halbe Limone darüberpressen. Grenadine, die Säfte und den Tequila dazugeben. Gut rühren, danach mit Ginger Ale auffüllen. Mit einer Limonenscheibe und einer Cocktailkirsche garnieren.

Was Sie mit Tequila noch mixen können:

Cachaca

Cachaca (sprich – Kaschassa) ist ein brasilianisches Zuckerrohrdestillat, das in seiner Heimat in unzähligen Marken angeboten wird. Den Rohstoff für den wasserhellen Cachaca liefert das noch grüne Zuckerrohr. Diese seit Ende des 17. Jahrhunderts bekannte Spirituose beherrscht den gesamten südamerikanischen Spirituosenmarkt und ist aus dem brasilianischen Leben nicht wegzudenken.
Im Gegensatz zum Rum, der aus Melasse – also Rückständen bei der Zuckergewinnung – hergestellt wird, ist Cachaca ein Destillat aus frischem, grünen Zuckerrohr. Der Produktionsvorgang verläuft ähnlich wie bei der Destillation von Obstwässern. Cachaca sollte man keinesfalls mit Rum (auch weißem) vergleichen, da Herstellung und Ausgangsprodukt völlig verschieden sind.
Der Name des berühmtesten Drinks – des Caipirinha – stammt von Caipira, der Bezeichnung für einfache Bauern und die Landbevölkerung überhaupt. Diesem Drink verdankt der Cachaca seinen Erfolg als eine der großen Trendspirituosen der 90er Jahre. Cachaca ist wie geschaffen für die Verbindung mit Limonen und Zucker. Des weiteren mixt man mit Cachaca die brasilianischen Nationalgetränke, die „Batidas". Diese werden aus Cachaca, Zucker und Eis unter Verwendung von Früchten und Fruchtsäften zubereitet. Bestens eignen sich Limonen, Maracuja, Ananas, Orangen und Kokosnuß.
Nachdem vor einigen Jahren die Caipirinha-Welle auch Deutschland erfaßt hatte, begann der Spirituosenhersteller Vetter/Wunsiedel mit Cachaca de Carice eine der großen Marken zu importieren. Für Cachaca de Carice liefern Zuckerrohrplantagen im Bundesstaat Pernambuco im Nordosten Brasiliens das noch grüne Zuckerrohr.
Dieser weiche, aromatische Cachaca eignet sich ausgezeichnet zum Mixen und verbindet sich hervorragend mit Cola, Tonic Water, Bitter Lemon und Säften.

Caipirinha

Arranco
4 cl Cachaca
2 cl Cherry Brandy/Kirschlikör
2 cl Zitronensaft
6 cl Orangensaft

Die Zutaten mit Eiswürfeln im Shaker gut schütteln und in ein großes Old-Fashioned-Glas auf einige Eiswürfel abseihen. Eine Erdbeere an den Glasrand stecken.

Caipirinha (Batida de Limao)

2 Limonen
6 cl Cachaca
1-2 cl Zuckersirup

Die Limonen vierteln, den Saft in ein Glas mit festem Boden ausdrücken und die Limonenstücke mit ins Glas geben. Mit einem Holzstößel die Limonenstücke im Glas nochmals kräftig ausdrücken. Cachaca und Zuckersirup dazugießen und mit einem Barlöffel gut umrühren. Das Glas mit Eiswürfeln oder grob zerschlagenen Eiswürfeln füllen und mit dem Barlöffel nochmals gut umrühren.

Batida de Maracuja con Limao

2 Limonen
6 cl Cachaca
4 cl Maracujasaft

In ein großes Old-Fashioned-Glas Eiswürfel geben. Die Limonen vierteln und den Saft ins Glas pressen. Einige Limonenstücke dazugeben, danach den Maracujasaft und den Cachaca. Gut rühren!

Batida de Mel (Honig)

2 Limonen
6 cl Cachaca
6 cl Rose's Lime Juice
1 Barlöffel Honig

In ein großes Old-Fashioned-Glas Eiswürfel geben. Die Limonen vierteln und den Saft ins Glas pressen. Einige Limonenstücke dazugeben, danach den Cachaca und Rose's Lime Juice. Gut verrühren.
Den Honig auf das fertige Getränk fließen lassen.

Woody Woodpecker

4 cl Cachaca
15 cl Orangensaft
1 cl Liquore Galliano

Orangensaft und Cachaca mit Eiswürfeln in den Shaker geben. Kräftig schütteln und durch das Barsieb in ein Longdrinkglas auf einige Eiswürfel abgießen. Den Galliano vorsichtig auf den Drink gießen und mit einer Orangenscheibe garnieren.

Cachaca Laranja

5 cl Cachaca
12 cl Orangensaft

In ein mit Eiswürfeln gefülltes Longdrinkglas geben, kurz umrühren. Eine Orangenscheibe an den Glasrand stecken.

Cachaca Maracuja

5 cl Cachaca
12 cl Maracujasaft

Zubereitung wie *Cachaca Laranja.*

Batida de Abacaxi (Ananas)

1 Limone
6 cl Cachaca
4 cl Ananassaft
1 Barlöffel Zuckersirup

Ein großes Old-Fashioned-Glas mit Eiswürfeln füllen. Die Limone vierteln, den Saft ins Glas pressen und die Limonenstücke dazugeben. Zuckersirup, Ananassaft und den Cachaca dazugeben, gut umrühren.

Was Sie noch mit Cachaca mixen können:

	Seite
KIRSCHBLÜTE	133
YELLOW DONKEY	133

Cachaca Tonic

4 cl Cachaca
Tonic Water

Den Cachaca in ein mit Eiswürfeln gefülltes Longdrinkglas gießen. Mit Tonic Water auffüllen. Eine halbe Zitronenscheibe dazugeben.

Brasilian Macho

6 cl Cachaca
1-2 Limonen
Ginger Ale

In ein Longdrinkglas einige Eiswürfel geben. Die Limonen vierteln und den Saft in das Glas pressen. Die Limonenstücke dazugeben. Den Cachaca dazugießen, mit Ginger Ale auffüllen und mit einem Barlöffel leicht umrühren.

Arranco

Brasilian Macho

Cognac

Seit mehreren hundert Jahren ist der Cognac einer der größten Reichtümer des Charente-Gebiets und eines der international bekanntesten Erzeugnisse Frankreichs.
Das Schicksal dieser Gegend ist eng mit dem goldgelben Getränk verknüpft, das zu Anfang des 17. Jahrhunderts im Herzen der Grande Champagne entstand.

Der Überlieferung nach war es der Chevalier de la Croix Marron, der den Cognac erfand. Er kam auf den Gedanken, Wein zweimal zu brennen. Aus dem in Eichenholzfässern gelagerten Doppeldestillat entstand der Cognac. Soweit die Geschichte. Mit Sicherheit kann gesagt werden, daß die ersten Destillationen zu Beginn des 15. Jahrhunderts durchgeführt wurden. Jedoch gelang es erst nach vielen Versuchen, die Brennblase so zu benutzen, wie es heute noch geschieht. Es waren bestimmte Umstände, die die Winzer veranlaßten, ihren Wein zu brennen.
Seit langem unterhielten die Weinbauern der Region einen regen Überseehandel. Sie mußten jedoch feststellen, daß die Weine die langen Seereisen schlecht überstanden. Dies brachte die Winzer auf den Gedanken, ihre Weine durch Destillation zu verstärken und zu konzentrieren.
Der konzentrierte Wein mußte mit Wasser getrunken werden, um den Weingeschmack wiederzuerlangen, Den Weinbrand so zu trinken, wurde weltweit üblich. Lange Zeit wurde dieser Weinbrand so, wie er aus der Destillation kam, verkauft, mit anderen Worten farblos und klar wie Wasser.
Im 17. und 18. Jahrhundert waren aufgrund der vielen Kriege die Verkäufe sehr unterschiedlich. Folglich wurde der Weinbrand in Fässern aus Eichenholz aus den nahegelegenen Wäldern um Limousin aufbewahrt. Man stellte fest, daß er dabei besser wurde, seine Schärfe verlor und eine schöne goldbraune Farbe erlangte. Dieser Prozeß dauert mehrere Jahre.
Den einzigartigen Klimabedingungen, den Bodenverhältnissen und der Nähe des Meeres verdankt die Charente-Region ihre Ausnahmestellung. Diese Besonderheiten sind derart ausgeprägt, daß die nur wenige Kilometer außerhalb des genau abgegrenzten Gebiets gebrannten Weinbrände weder den gleichen Geschmack noch die gleiche Qualität besitzen.

Es wird zwischen zwei großen Zonen unterschieden, den „Champs" oder „Champagnes" und den „Bois". Die amtliche Einteilung in sechs Lagen hat die von der Tradition geschaffene Rangordnung gesetzlich verankert.
Um das Städtchen Cognac herum gruppieren sich in konzentrischen Kreisen folgende Lagen: Grande Champagne, Petite Champagne, Borderies, Fins Bois, Bons Bois und Bois Ordinaires bzw. Bois à Terroir. Jede Lage hat besondere Eigenschaften – einen bestimmten Geschmack, ein ihr eigenes Aroma.
Zur Wahrung der Qualität des Cognacs sind strenge Vorschriften für die Wahl der Rebsorten erlassen worden. Folle Blanche, Colombar und Saint Emilion (Ugni Blanc) machen heute fast den gesamten Rebenbestand aus. Der Cognac verdankt seine Originalität einerseits der strengen Abgrenzung des Herstellungsgebiets, dem Boden, dem Klima und den Rebsorten.
Die Destillation erfolgt im Charentaiser Brenngerät, das im Prinzip dem seit Jahrhunderten in der Charente verwendeten entspricht. Auch wurde das ursprüngliche Verfahren, das aus zwei aufeinanderfolgenden Brennvorgängen auf offenem Feuer besteht, beibehalten.
Das Prinzip der Destillation ist sehr einfach: Der Wein wird ungefiltert in den Kessel gefüllt, die mäßige Hitze des Feuers bringt den Wein zum Sieden, die Alkoholdämpfe entweichen, kühlen ab und werden aufgefangen. Dieser Rohbrand wird zu einer zweiten Destillation erneut in den Kessel gefüllt. Die Durchführung des zweiten Brennvorgangs verlangt vom Weinbrenner große Erfahrung und viel Feingefühl. Er muß die ersten kondensierten, noch unvollkommenen Dämpfe sowie die letzten ableiten, um nur das „Herzstück" zu erhalten, d. h. die eigentliche Quintessenz des Weingeistes mit allen Bestandteilen, die dem Cognac sein „Bouquet" und sein Aroma verleihen.
Bevor Cognac dem Verbraucher trinkfertig angeboten wird, kommt die Kunst des Kellermeisters ins Spiel. Dieser mischt Brände unterschiedlichen Alters und verschiedener Lagen, um einen harmonischen, ausgewogenen, für die jeweilige Marke typischen, über Jahre hinweg gleichbleibenden Geschmack zu erzielen.
Da Cognac mit wenigen Ausnahmen immer aus einer Mischung besteht, ist es wichtig, die Etiketten „lesen" zu können.
Um ihn als Cognac bezeichnen zu dürfen, muß der jüngste Bestandteil mindestens zwei Jahre im Eichenholzfaß gelagert sein. Diese Cognacs sind meist als V.S., 3 Sterne oder de Luxe bekannt. Für V.S.O.P. oder Réserve sind vier Jahre vorgeschrieben.
Bei Cognacs mit den Bezeichnungen Napoléon, Extra, Vieux, Vieille Réserve, Hors d'Age, Selection, X.O., Antique, Cordon Rouge sowie bei allen Bezeichnungen, die auf außergewöhnlich alt hinweisen, sind für das jüngste Destillat sechs Jahre vorgeschrieben. Das tatsächliche, meist über die vorgeschriebene Zeit hinausgehende Alter wird durch die Qualitätspolitik des jeweiligen Hauses bestimmt.
Viele der großen Cognac-Häuser bieten mit ihren besten Marken Cognacs an, deren älteste verwendeten Brände mehrere Jahrzehnte Lagerung hinter sich haben.
Eine Besonderheit ist der Cognac „Fine Champagne". Dies ist eine vom Alter unabhängige Mischung aus den beiden Regionen Grande und Petite Champagne mit mindestens 51% Grande-Champagne-Anteil.
Man trinkt Cognac gern zum Abschluß einer guten Mahlzeit. Er wird in den eigens für ihn geschaffenen Schwenkern oder Tulpengläsern gereicht. Aber auch zu anderen Gelegenheiten eignet sich Cognac als ein recht vielseitiges Getränk. Er ist unentbehrlich zur Cocktailstunde und findet sich in vielen weltbekannten Cocktails.

Cognac

Side Car
4 cl Cognac
2 cl Cointreau
2 cl Zitronensaft

Die Zutaten im Shaker mit Eiswürfeln gut schütteln und in eine Cocktailschale abseihen.

Rolls Royce
3 cl Cognac
3 cl Cointreau
6 cl Orangensaft
1 Eiweiß

Zubereitung wie *Side Car.*

Between the Sheets
2 cl Cognac
2 cl Weißer Rum
2 cl Cointreau
1 cl Zitronensaft

Zubereitung wie *Side Car.*

Brandy Alexander
4 cl Cognac
2 cl Crème de Cacao Braun
4-6 cl Sahne

Mit Eiswürfeln im Shaker gut schütteln und in eine Cocktailschale abseihen. Mit etwas Muskat bestreuen.

Arago
4 cl Cognac
2 cl Crème de Bananes
4-6 cl Sahne

Zubereitung wie *Brandy Alexander*

Pompeii
2 cl Cognac
2 cl Crème de Cacao Weiß
2 cl Amaretto
4-6 cl Sahne

Zubereitung wie *Brandy Alexander.* Einige Mandelsplitter auf den fertigen Drink streuen.

Pierre Collins
5 cl Cognac
3 cl Zitronensaft
2 cl Zuckersirup
Sodawasser

Die Zutaten – ohne Sodawasser – mit Eiswürfeln im Shaker gut schütteln und in ein Longdrinkglas auf einige Eiswürfel abseihen. Mit etwas Sodawasser auffüllen. Mit einer Zitronenscheibe und einer Cocktailkirsche garnieren.

East Indies
4 cl Cognac
2 cl Curaçao Orange
2 cl Ananassaft
1 cl Zitronensaft
1 Spritzer Angostura
Sodawasser

Zubereitung wie *Pierre Collins.* Mit einem Ananasstück und einer Cocktailkirsche garnieren.

Brandy Sour
5 cl Cognac
3 cl Zitronensaft
1-2 cl Zuckersirup

Die Zutaten im Shaker mit Eiswürfeln kräftig schütteln und in ein Stielglas abseihen. Mit einer halben Orangenscheibe und einer Cocktailkirsche garnieren.

Brandy Soda
4 cl Cognac
Sodawasser

Den Cognac in ein mit Eiswürfeln gefülltes Longdrinkglas gießen. Mit Sodawasser auffüllen. Eine Zitronenscheibe an den Glasrand stecken.

Brandy Flip
5 cl Cognac
1 cl Zuckersirup
2 cl Sahne
1 Eigelb

Die Zutaten mit Eiswürfeln im Shaker kurz und kräftig schütteln. In ein Flipglas oder einen Sektkelch abseihen. Mit Muskat bestreuen.

Brandy Crusta

Side Car

Brandy Fizz
5 cl Cognac
3 cl Zitronensaft
2 cl Zuckersirup
Sodawasser

Die Zutaten – ohne Sodawasser – mit Eiswürfeln im Shaker lange und kräftig schütteln. In ein Longdrinkglas abseihen und mit etwas Sodawasser auffüllen.

Petrifier
2 Spritzer Angostura
1 cl Grenadine
2 cl Zitronensaft
4 cl Cognac
4 cl Wodka
4 cl Gin
4 cl Grand Marnier
Ginger Ale
1 cl Calvados

In ein großes Glas einige Eiswürfel und darauf die Zutaten (ohne den Calvados) geben. Gut verrühren und mit einem 0,2 Liter-Fläschchen Ginger Ale auffüllen. Nochmals leicht rühren, einige Cocktailkirschen und je eine halbe Zitronen- und Orangenscheibe dazugeben. Den fertigen Drink mit 1 cl Calvados beträufeln.

Brandy Crusta
4 cl Cognac
1 cl Curaçao Orange
2 cl Zitronensaft
1 cl Zuckersirup
2 Spritzer Angostura

Den Rand eines Ballonglases in einem Zitronenviertel drehen und in eine mit Zucker gefüllte Schale tupfen. In das Glas eine Spirale Zitronenschale geben. Die Zutaten im Shaker mit Eiswürfeln kräftig schütteln und in das vorbereitete Glas abseihen.
Mit kurzen Trinkhalmen servieren.

Weitere Mix-Möglichkeiten finden sich unter *Weinbrand/Brandy*

Was Sie noch mit Cognac mixen können:

Weinbrand/Brandy

Unter den zahllosen Spirituosen hat der Weinbrand wohl die älteste Geschichte. Bereits 1321 enthielt ein deutschsprachiges Dokument einen Hinweis auf gebrannten Wein, der damals jedoch als Heilmittel galt und nur in Apotheken vekauft werden durfte.

Weinbrand nimmt heute unter den angebotenen Spirituosen den ersten Platz ein. Rund ein Viertel der deutschen Spirituosenproduktion entfällt auf ihn.

Wein wird in vielen Ländern der Erde gebrannt. Die Hauptherstellerländer sind Deutschland, Frankreich, Spanien, Italien, Mexiko und die USA. Für den deutschen Markt sind jedoch nur der Weinbrand aus Deutschland, Cognac und Armagnac aus Frankreich, Brandy aus Spanien und Italien sowie die griechische Spezialität „Metaxa" von Bedeutung.

So verschiedenartig die Qualität der Grundweine ist, so sehr die Herstellungsverfahren voneinander abweichen, so unterschiedlich sind auch die Eigenschaften dieser Weinbrände.

Die Qualität eines Weinbrandes beginnt bei der Auswahl geeigneter Weine. Aus ihnen werden die Destillate gewonnen, die für Aroma und Geschmack des Weinbrandes ausschlaggebend sind. Aber nicht alle Weine eignen sich zum Brennen, und eigenartigerweise sind es auch nicht die guten Trinkweine, die ihr Bukett bei der Destillation entfalten.

Die renommierten deutschen Weinbrenner decken ihren Bedarf an Wein hauptsächlich in Frankreich (im Gebiet der Charente) und in Italien.

Der Destillationsvorgang vollzieht sich bei der Weinbrandherstellung im wesentlichen in zwei Schritten: in der Herstellung des „Rauhbrandes" und der Gewinnung des „Feinbrandes". Rauhbrand ist das Ergebnis des ersten Brennvorgangs. Mit ihm ließe sich noch kein Weinbrand herstellen, denn er enthält noch unerwünschte Stoffe, die erst in einem zweiten Destillationsvorgang ausgeschieden werden müssen.

Dieser zweite Schritt ist wesentlich schwieriger. Es gilt nämlich ein Destillat zu erhalten, das schon den Ansprüchen des späteren Endprodukts entspricht.
Beim zweiten Brennvorgang entsteht eine Flüssigkeit, die unterschieden wird in Vorlauf, Mittellauf und Nachlauf. Hierbei konzentriert man sich auf den Mittellauf. Das ist der eigentliche Feinbrand, das „Herzstück". Dieser Feinbrand ist eine wasserhelle klare Flüssigkeit mit einem Alkoholgehalt von etwa 70 Grad. Ihm steht jetzt noch eine lange Zeit des Reifens bevor. Dieser Reifeprozeß vollzieht sich in Eichenholzfässern aus dem Holz der Limousin-Eichen. Bei hochwertigen Destillaten verwendet man kleine Fässer mit einem Fassungsvermögen von etwa 300 Liter, obwohl das Gesetz Fässer bis zu 1000 Liter Inhalt erlaubt.
Das Destillat bezieht aus dem Holz feine Duft- und Aromastoffe, es erhält daraus den tiefgelben Topaston und entwickelt in den Fässern jene Eigenschaften, die einen guten Weinbrand auszeichnen: die volle Blume und den milden, weinigen Geschmack. Mitentscheidend für die Qualität ist die Dauer der Lagerung.
Am Ende der Reifezeit muß der Brennmeister noch einmal seine ganze Kunst aufbieten. Aus Destillaten verschiedener Herkunft und verschiedener Jahrgänge muß er eine harmonische Mischung komponieren, die in Duft und Geschmack ganz den Anforderungen an das Endprodukt entspricht.
Weinbrand trinkt man wie Cognac als Digestif zum Abschluß eines Essens, mit Eiswürfeln und Sodawasser als erfrischenden Longdrink und verwendet ihn vielfach auch zum Mixen von Cocktails.

Das „Herz" der Firma Asbach in Rüdesheim: die Brennerei.

Weinbrand/Brandy

Asbach Sour
4 cl Asbach Uralt
4 cl Zitronensaft
2 cl Orangensaft
2 cl Zuckersirup

Im Shaker mit Eiswürfeln kräftig schütteln und in ein Stielglas abseihen. Mit einer halben Orangenscheibe und einer Cocktailkirsche garnieren.

Summer Fun
3 cl Weinbrand
3 cl Crème de Bananes
8 cl Ananassaft
8 cl Orangensaft

Auf einige Eiswürfel in ein Longdrinkglas geben, gut verrühren und mit Früchten garnieren.

Softy *1986
1 cl Weinbrand
1 cl Cointreau
8 cl Rotwein
4 cl Orangensaft
2 cl Ananassaft

Im Shaker mit Eiswürfeln gut schütteln und in ein Longdrinkglas auf einige Eiswürfel abseihen. Mit einem Ananasstück und blauen Trauben garnieren.

Hercules
2 cl Weinbrand
2 cl Amaretto
1 cl Grenadine
5 cl Orangensaft

Mit Eiswürfeln im Shaker gut schütteln und in ein Old-Fashioned-Glas auf einige Eiswürfel abseihen.
Mit einer Orangenscheibe garnieren.

Rüdesheimer Kaffee
4 cl Asbach Uralt
3 Stück Würfelzucker
heißer Kaffee
Schlagsahne, mit Vanillezucker gesüßt
Schokoladenraspel (Bitterschokolade)

In einen vorgewärmten „Rüdesheimer Kaffe"-Becher Asbach Uralt und den Würfelzucker geben. Mit einem langen Streichholz anzünden und eine Minute brennen lassen. Mit einem langstieligen Löffel umrühren und mit Kaffee bis ca. 2 cm unter dem Becherrand auffüllen. Eine Sahnehaube daraufsetzen und die Schokoladenraspel darüberstreuen.

Hot Milk Punch
4 cl Weinbrand
1 cl Zuckersirup
heiße Milch

Weinbrand und Zuckersirup in eine vorgewärmte Tasse geben und mit heißer Milch auffüllen. Etwas Muskat darauf streuen.

Was Sie noch mit Weinbrand mixen können:

	Seite
LUMUMBA	123
SARONNO TODDY	110
VENETIAN COFFEE	118
STINGER	126

Weitere Mix-Möglichkeiten finden Sie auch unter *Cognac.*

Rüdesheimer Kaffee

Gotische Dame (von J. V. Cissarz), Motiv einer Anzeige aus den Jahren 1920–1927.

Calvados

Der Calvados ist ein Kind der Normandie, obwohl sein Name spanischen Ursprungs ist.
Als Philipp II. im Jahre 1588 seine „unbesiegbare" Armada gegen England segeln ließ, zerschellte eines der Schiffe an den Klippen der normannischen Küste. Die Caravelle hieß „El Calvador", das bedeutet „Bezwinger der feindlichen Schiffe". Der Name ging auf den Felsen über, an dem das Schiff gestrandet war. Aus „El Calvador" wurde „Calvados", und als man Frankreich 1789/90 in Départements aufteilte, wurde das ganze angrenzende Gebiet so genannt.
Sicherlich kennt man schon seit Jahrhunderten das Destillat aus Apfelwein. In den Archiven wird es jedoch erstmals 1553 erwähnt, und zwar benutzte man es damals auch als kostbare Arznei. Es war Gilles de Gouberville, ein großer Agronom, der in seinen Büchern überlieferte, daß er 1553 in einem kleinen Dorf am Ärmelkanal, Le-Mesnil-Au-Val genannt, Cidre, also Apfelwein, destillierte. Erst zu Beginn des 19. Jahrhunderts nahm der in der Normandie hergestellte Apfelbranntwein den Namen Calvados an, nach dem Département, in dem am meisten erzeugt wurde.
Apfel- und Birnenbrände gibt es in der Bretagne, in der Normandie und im Maine. Calvados dürfen sich aufgrund eines Gesetzes aus dem Jahre 1942 jedoch nur Brände aus genau abgegrenzten Gebieten der Normandie nennen. Auch an die Destilliermethoden werden besondere Anforderungen gestellt. Das nationale Institut für die Ursprungsbezeichnungen, das die Grenzen 1942 absteckte und heute noch streng überwacht, unterscheidet zwischen zwei Calvados-Arten, zwischen dem Calvados mit gesetzlich geregelter Herkunftsbezeichnung (Appellation Calvados Contrôlée) und dem Calvados mit kontrollierter Ursprungsbezeichnung (Appellation Calvados du Pays d'Auge contrôlée). Ersterer kommt aus dem Département Calvados, dem Cotentin, dem Avranchin, dem Mortainais, dem Domfrontais, dem Tal der Orne, der Gegend um Merlerault, den Ufern der Risle, der Landschaft Bray und aus dem Perche.
Der berühmteste Calvados aber stammt aus dem Pays d'Auge, einem kleinen Gebiet im Herzen des Départements Calvados. Er allein hat das Recht, sich „Calvados du Pays

d'Auge – Apellation Contrôlée" zu nennen, was auf deutsch „Calvados aus dem Pays d'Auge mit kontollierter Ursprungsbezeichnung" heißt. Zu seiner Herstellung darf nur Apfelwein verwendet werden, der aus dem Pays d'Auge stammt. Ferner muß der Calvados im Pays d'Auge mittels kleiner Brennblasen für die zweimalige Destillation, wie man sie in der Charente für die Cognac-Herstellung benutzt, destilliert sein. Calvados trägt wie Cognac oder Armagnac einen international geschützten Namen, der nur Bränden aus den oben genannten Gebieten vorbehalten ist. Der Boden, die Früchte und das Klima bringen eine Spezialität hervor, die man in keiner anderen Gegend findet.

Der Calvados entsteht mit Hilfe von klassischen einfachen Brennblasen. Der mindestens ein Jahr alte Obstwein wird in einen mit einem abgerundeten Aufsatz bedeckten Kessel gegossen, ein in eine Kühlschlange auslaufender Schwanenhals ermöglicht die Kondensierung des Dampfes. Die Destillation geht in zwei Stufen vor sich. Während der ersten Stufe wird der „Rauhbrand" gewonnen. Das ist ein leichter Alkohol von etwa 25% Vol., der mehrere Monate stehenbleibt und im Keller seine erste Alterung erfährt. In der zweiten Stufe wird der „Rauhbrand" nachdestilliert. Dabei leitet man den zuerst gewonnenen Vorlauf ebenso wie den Nachlauf ab. Übrig bleibt das „Herzstück", ein etwa 70% Vol. starker Branntwein. Dieser junge Calvados ist wie jedes Destillat wasserhell und von herbem Geschmack.

Lange Zeit kannte man nur diesen jungen, klaren Calvados. Früher war es üblich, nur den nicht verbrauchten Cidre zu destillieren, um die Fässer für die neue Ernte zu leeren. Und dieser Branntwein wurde auch nur von den Normannen und Bretonen getrunken, den Bewohnern feuchter Landstriche, die die Wärme eines kräftigen Schlucks schätzten.

Im 19. und zu Beginn des 20. Jahrhunderts breitete sich dieses stärkende und anregende Getränk auch in den Industriezonen aus, wo ein „Cafe-Calva", ein mit Calvados

vermischter Kaffee, zur täglichen Gewohnheit wurde. Damals hatte die Landbevölkerung jedoch schon den anderen Calvados entdeckt, den längere Zeit gelagerten, weichen, bernsteinfarbenen Branntwein.

Calvados altert wie Weinbrand in Eichenholzfässern. Die Fässer müssen bei kühler, konstanter Temperatur lagern. Durch die Porosität des harten und an Gerbsäure reichen Eichenholzes vereinigt sich der Calvados langsam mit dem Sauerstoff der Luft und gewinnt seine Bernsteinfarbe.

Die Lagerung wird sechs Jahre überwacht. Ehe der Calvados in den Handel kommt, muß er mindestens ein Jahr alt sein. Meist aber dauert die Reifezeit zwei bis fünf Jahre, manchmal Jahrzehnte. Das Alter erkennt man am Etikett.

Es bedeuten: 3 Sterne = 2 Jahre; Vieux oder Réserve = 3 Jahre; V.O. oder Vieille Réserve = 4 Jahre; V.S.O.P. = 5 Jahre und Extra, Napoléon, Hors d'Age oder Age Inconnu mindestens sechs Jahre.

Um über Jahre hinweg den für jeden Hersteller typischen Geschmack zu erhalten, wird Calvados aus Destillaten verschiedener Jahre gemischt. Bei der Altersangabe ist immer das Alter des jüngsten verwendeten Destillats von Bedeutung.

Ob man nun lieber jungen oder alten Calvados mag, ist Geschmackssache. In der Regel kann man sagen, je jünger, desto feuriger und fruchtiger, je älter, desto weicher im Geschmack und tiefer in der Farbe.

Calvados trinkt man wie Cognac oder Weinbrand als Digestif zum Abschluß eines Essens. Hierfür eignen sich Schwenker oder kleine Tulpengläser am besten. In der Bar bietet Calvados viele Verwendungsmöglichkeiten zum Mixen von Cocktails.

Calvados

Jack Rose
4 cl Calvados
2 cl Zitronensaft
1 cl Grenadine

Mit Eiswürfeln im Shaker gut schütteln und in ein Cocktailglas abseihen.

Calvados Cocktail
4 cl Calvados
2 cl Cointreau
4 cl Orangensaft
1 Spritzer Angostura

Zubereitung wie *Jack Rose*.

Drei-Drei-Drei (333)
3 cl Calvados
3 cl Cointreau
3 cl Grapefruitsaft

Zubereitung wie *Jack Rose*.

Max Calvador
3 cl Calvados
3 cl Grand Marnier
3 cl Grapefruitsaft
Zubereitung wie *Jack Rose*.

After All
4 cl Calvados
3 cl Peach Brandy
2 cl Zitronensaft

Zubereitung wie *Jack Rose*.

Manetti
2 cl Calvados
2 cl Gin
2 cl Curaçao Triple Sec
1 cl Grenadine
1 cl Zitronensaft
4 cl Sahne

Zubereitung wie *Jack Rose*.

Applejack Punch
4 cl Calvados
4 cl Orangensaft
1 cl Grenadine
Ginger Ale

Calvados, Orangensaft und Grenadine in ein Longdrinkglas mit Eiswürfeln geben, gut umrühren und mit Ginger Ale auffüllen. Mit einer Orangenscheibe und einer Cocktailkirsche garnieren.

Applejack Flip
5 cl Calvados
1 cl Zuckersirup
2 cl Sahne
1 Eigelb

Die Zutaten mit Eiswürfeln im Shaker kurz und kräftig schütteln, in ein Flipglas oder einen Sektkelch abseihen. Mit etwas Muskat bestreuen.

Porto Flip Normand
3 cl Calvados
3 cl Roter Portwein
2 cl Sahne
1 cl Zuckersirup
1 Eigelb

Zubereitung wie *Applejack Flip*.

Normandy Golden Dawn
3 cl Calvados
3 cl Gin
1 cl Grenadine
3 cl Aprikosensaft
3 cl Orangensaft

Mit Eiswürfeln im Shaker schütteln und in einen Tumbler auf einige Eiswürfel abseihen. Mit einer Orangenscheibe garnieren.

Rabbit's Foot
3 cl Calvados
3 cl Weißer Rum
2 cl Orangensaft
2 cl Zitronensaft
1 cl Grenadine

Zubereitung wie *Normandy Golden Dawn*.

Calvados Sour
5 cl Calvados
3 cl Zitronensaft
1-2 cl Zuckersirup

Die Zutaten im Shaker mit Eiswürfeln kräftig schütteln und in ein Stielglas abseihen. Mit einer halben Orangenscheibe und einer Cocktailkirsche garnieren.

Applejack Punch *Jack Rose*

Was Sie noch mit Calvados mixen können:

Scotch Whisky

Das Geburtsjahr des schottischen Whiskys liegt im Dunkel der Vergangenheit. Urkundlich wird er erstmals 1494 erwähnt, obwohl mit Sicherheit schon lange Zeit vorher Whisky gebrannt wurde. Die Historiker glauben, daß die ersten christlichen Mönche die Kunst des Destillierens vom Kontinent nach Schottland mitbrachten.
Seinen Namen verdankt er dem gälischen „Uisge Beatha", Wasser des Lebens, im Sprachgebrauch im Laufe der Zeit zu dem heutigen „Whisky" verändert.

Jahrhundertelang wurde in Schottland aus Gerste in vielen kleinen Brennereien ein kräftiger und würziger Malt Whisky im „Pot Still" (in nur einem Brennvorgang) gebrannt. Es war das Nationalgetränk der Schotten und wurde von ihnen zu jeder Gelegenheit getrunken.
Erst im vorigen Jahrhundert hat sich auch in England das Whisky-Trinken eingebürgert. Über das britische Empire trat diese Schotten-Spezialität ihren Siegeszug um die ganze Welt an.
Die Ausbreitung des Whiskys hängt eng mit der Erfindung des kontinuierlichen Brennapparates zusammen, mit dem man wirtschaftlicher, in nur einem Brennvorgang, den leichteren Grain Whisky herstellen konnte.
Mit diesem Grain Whisky schlug auch die Geburtsstunde der „Blends". Das sind Mischungen aus Whiskys verschiedenen Typs, die zuerst um 1860 von Andrew Usher in Edinburgh hergestellt wurden. Usher wollte damit Whisky von gleichbleibender Qualität in größeren Mengen anbieten können. Blended Whisky war die Lösung, die steigende Nachfrage nach Scotch Whisky in England, auf dem Kontinent und in Übersee zu befriedigen.
Durch Verwendung verschiedenartiger Malt Whiskys und eines mehr oder weniger großen Anteils leichter Grain Whiskys war es möglich, den Whisky-Liebhabern in aller Welt ein ihrem Geschmack entsprechendes, gleichbleibendes Getränk in nahezu unbegrenzten Mengen zu liefern.
In Schottland entstand mit diesem Herstellungsprozeß ein besonderer Beruf, einer der wichtigsten für die Whisky-Herstellung, der des Blenders. Aus den Destillaten der etwa 110 Malt-Whisky- und rund einem Dutzend Grain-Whisky-Brennern wählt er die Komponenten für einen Blend.
Bestimmend für die Art und Güte eines Blends ist dabei in erster Linie die Qualität der verwendeten Malt Whiskys. Ihr je

nach Alter unterschiedliches Entwicklungs- und Reifestadium sowie ihr Anteil im Blend beeinflussen den Geschmack entscheidend, denn der Grain Whisky hat wenig Eigenart, er ist eher neutral.
Doch auch der Grain Whisky entscheidet mit über die Qualität und natürlich auch den Preis eines Blends.
Außer von der Zusammensetzung ist der Preis auch vom Alter des Blends abhängig. Nach den strengen Herstellungsvorschriften muß der jüngste Anteil bei einem Scotch Whisky drei Jahre Lagerung im Eichenholzfaß aufweisen. Zum Beispiel darf ein zwölfjähriger „De Luxe Blend" weder einen Grain Whisky noch einen Malt Whisky enthalten, der nicht zwölf Jahre im Eichenholzfaß gereift ist.
Die Altersangaben auf dem Etikett beziehen sich immer auf den jüngsten Bestandteil und nie auf eine Mischung von mehreren Jahrgängen.
Neben den weltweit bekannten Blended Scotch Whiskys gilt unter Kennern der ursprüngliche Malt Whisky als Inbegriff des Whisky-Genusses. Er ist, im Unterschied zum Grain Whisky, nur aus gemälzter und im Torfrauch getrockneter Gerste gebrannt. Grain Whisky wird aus Mais, gemälzter und ungemälzter Gerste hergestellt.
Die Malt Whiskys werden nach Lage ihrer Brennerei in vier Gruppen eingeteilt: Highland, Lowland, Islay und Campbeltown. Sie sind untereinander sehr verschieden, haben ein ausgeprägtes Bouquet und einen intensiveren Geschmack als der Grain Whisky.
Blended Scotch Whisky ist ein sehr anpassungsfähiges Getränk. Man kann ihn mit klarem Wasser, mit Sodawasser, Cola, Ginger Ale, pur oder on the rocks trinken.
Blended Scotch Whisky eignet sich auch als Digestif nach dem Essen und ist Bestandteil vieler international bekannter Cocktails.

Scotch Old Fashioned
5 cl Scotch Whisky
2 Spritzer Angostura
1 Stück Würfelzucker

In ein Old-Fashioned-Glas den Würfelzucker geben, mit Angostura tränken und etwas klares Wasser dazugeben. Den Zucker mit einem Barlöffel zerdrücken, das Glas mit Eiswürfeln füllen und den Whisky darübergießen. Gut umrühren, eine Cocktailkirsche und je eine halbe Orangen- und Zitronenscheibe dazugeben.

Scotch Sour
5 cl Scotch Whisky
3 cl Zitronensaft
1-2 cl Zuckersirup

Die Zutaten im Shaker mit Eiswürfeln kräftig schütteln und in ein Stielglas abseihen. Mit einer Cocktailkirsche und einer halben Orangenscheibe garnieren.

Scotch Whisky

Holiday Sour
4 cl Scotch Whisky
2 cl Cherry Brandy/Kirschlikör
2 cl Vermouth Rosso
2 cl Zitronensaft
1/2 Eiweiß

Zubereitung und Garnitur wie *Scotch Sour.*

Scotch Apple
4 cl Scotch Whisky
2 cl Calvados
2 cl Zitronensaft
1 cl Zuckersirup

Mit Eiswürfeln im Shaker gut schütteln und in einen Tumbler auf einige Eiswürfel abseihen. Mit Zitronenscheibe, Cocktailkirsche und einer Apfelschale garnieren.

Scotch Cherry
4 cl Scotch Whisky
2 cl Cherry Brandy/Kirschlikör
2 cl Zitronensaft
2 cl Orangensaft

Den Rand einer Cocktailschale in einem Zitronenviertel drehen und in eine mit Zucker gefüllte Schale tupfen. Die Zutaten mit Eiswürfeln im Shaker gut schütteln und in die Cocktailschale abseihen.

Caledonian Mist
3 cl Scotch Whisky
2 cl Drambuie
4 cl Orangensaft
1 cl Zitronensaft
Bitter Lemon

Die Zutaten – ohne Bitter Lemon – in einem mit Eiswürfeln gefüllten Shaker gut schütteln und in ein Longdrinkglas auf einige Eiswürfel abseihen. Mit Bitter Lemon auffüllen. Einen Spieß mit einer Orangen- und einer Limonenscheibe sowie einer Erdbeere dazugeben.

Sandy Collins
5 cl Scotch Whisky
3 cl Zitronensaft
2 cl Zuckersirup
Sodawasser

Die Zutaten – ohne Sodawasser – mit Eiswürfeln im Shaker gut schütteln und in ein Longdrinkglas auf einige Eiswürfel abseihen. Mit etwas Sodawasser auffüllen. Mit einer Zitronenscheibe und einer Cocktailkirsche garnieren.

Scotch Cherry
Caledonian Mist
Rob Roy

Scotch Horse's Neck
6 cl Scotch Whisky
2 Spritzer Angostura
Ginger Ale
Zitronenspirale

Ein großes Longdrinkglas mit Eiswürfeln füllen, Die Zitronenspirale in das Glas hängen, Angostura und Scotch Whisky dazugeben, mit Ginger Ale auffüllen.

Scotch Whisky Flip
5 cl Scotch Whisky
1 cl Zuckersirup
2 cl Sahne
1 Eigelb

Die Zutaten mit Eiswürfeln im Shaker kurz und kräftig schütteln, in ein Flipglas oder einen Sektkelch abseihen und mit etwas Muskat bestreuen.

Rob Roy
4 cl Scotch Whisky
2 cl Vermouth Rosso
2 Spritzer Angostura

Die Zutaten in ein mit Eiswürfeln gefülltes Rührglas geben, gut vermischen und in ein gekühltes Cocktailglas abseihen. Eine Cocktailkirsche dazugeben.

Rob Roy – Holiday Style
4 cl Scotch Whisky
1 cl Vermouth Dry
1 cl Vermouth Rosso
1 cl Drambuie

Zubereitung wie *Rob Roy.*

Bobby Burns
4 cl Scotch Whisky
2 cl Vermouth Rosso
1 cl Drambuie

Zubereitung wie *Rob Roy.*
Das Aroma einer Zitronenschale daraufspritzen und diese dazugeben.

BELL'S

Irish Whiskey

Die Geschichte des irischen Whiskeys weist viele Parallelen zu der des schottischen Whiskys auf. Ähnlich wie im Hochland Schottlands gab es in Irland im 17. Jahrhundert viele kleine, meist nur für den Hausgebrauch produzierende Brennereien. Diese waren hauptsächlich um die Städte Dublin und Cork beheimatet.

Im Gegensatz zu Schottland konzentrierte sich im Laufe der Zeit die Whiskeyherstellung auf wenige Städte. Die Herstellung des irischen Whiskeys gleicht in vielem der des schottischen Malt Whiskys. Die wichtigste Gemeinsamkeit ist sicherlich die Verwendung des traditionellen Brennapparates, des „Pot Still" aus Kupfer. Im Gegensatz zum schottischen Verfahren wird in Irland das angekeimte Getreide nicht über Torffeuer, sondern ausschließlich über Kohlefeuer getrocknet. Ein weiteres Unterscheidungsmerkmal ist, daß nicht nur gemälzte, sondern auch ungemälzte Gerste sowie Hafer, Weizen und Roggen verwendet werden. Für irische Whiskeys ist außerdem eine dreifache Destillation vorgeschrieben. Während der Charakter des schottischen Malt Whiskys von vielen Faktoren bestimmt wird, ist in Irland vorwiegend die Faßlagerung von entscheidender Bedeutung. Es werden Sherry-, Bourbon- und Rumfässer sowie frische Eichenholzfässer verwendet.

Gesetzlich vorgeschrieben ist eine Lagerzeit von mindestens drei Jahren, häufig jedoch länger.

Nach der Faßreifung erfolgt das irische „Blending"-Verfahren, das jedoch nicht mit dem in Schottland üblichen Mischen von Grain Whisky und Malt Whisky verglichen werden darf. Hierbei werden nur Whiskeys verschiedener Faßtypen und Jahrgänge gemischt.

Irish Whiskey weist eine etwas rauchigere Note als Blended Scotch Whisky auf und ähnelt mehr den leichteren schottischen Malt-Whisky-Sorten.

Eine kleine Besonderheit am Rande ist die Schreibweise. Nachdem bis Anfang dieses Jahrhunderts der schottische wie auch der irische Whiskey mit „e" geschrieben wurden ging man zum Zweck der besseren Unterscheidung dazu über, es beim Scotch Whisky wegzulassen.

Zum Mixen läßt sich Irish Whiskey bei vielen Cocktails anstelle von Blended Scotch verwenden. Mit ihm ergibt sich eine etwas rauchigere Geschmacksnote.

Unübertroffen und unersetzbar ist er für die Herstellung des weltweit bekannten Irish Coffee.

Irish Coffee

Irish Coffee
4 cl Irish Whiskey
1 Tasse heißer Kaffee
1-2 Teelöffel brauner Zucker
leicht geschlagene Sahne

Whiskey, Zucker und Kaffee in ein vorgewärmtes Stielglas geben, gut verrühren. Die Sahne als Haube daraufsetzen.

Irish Almond
4 cl Irish Whiskey
2 cl Orangensaft
2 cl Zitronensaft
1 cl Orgeat/Orzata-Mandelextrakt

Die Zutaten mit Eiswürfeln im Shaker gut schütteln und in ein Stielglas abseihen. Mit einer Zitronenscheibe und einer Cocktailkirsche garnieren.

Paddy Cocktail
4 cl Irish Whiskey
2 cl Vermouth Rosso
2 Spritzer Angostura

Die Zutaten in ein mit Eiswürfeln gefülltes Rührglas geben, gut vermischen und in ein gekühltes Cocktailglas abseihen. Eine Cocktailkirsche dazugeben.

Morning Dew
3 cl Irish Whiskey
1 cl Curaçao Blue
2 cl Crème de Bananes
4 cl Grapefruitsaft
1/2 Eiweiß

Die Zutaten im Shaker mit Eiswürfeln gut schütteln und in eine Cocktailschale abseihen. Mit einer Orangenscheibe und einer Cocktailkirsche garnieren.

Irish Sour
5 cl Irish Whiskey
3 cl Zitronensaft
1-2 cl Zuckersirup

Die Zutaten im Shaker mit Eiswürfeln kräftig schütteln und in ein Stielglas abseihen. Mit einer halben Orangenscheibe und einer Cocktailkirsche garnieren.

Mike Collins
5 cl Irish Whiskey
3 cl Zitronensaft
2 cl Zuckersirup
Sodawasser

Die Zutaten – ohne Sodawasser – mit Eiswürfeln im Shaker gut schütteln und in ein Longdrinkglas auf einige Eiswürfel abseihen. Mit etwas Sodawasser auffüllen. Mit einer Zitronenscheibe und einer Cocktailkirsche garnieren.

Irish Whip
4 cl Irish Whiskey
2 cl Curaçao Blue
4 cl Zitronensaft
1 cl Zuckersirup
Sodawasser

Die Zutaten – ohne Sodawasser – mit Eiswürfeln im Shaker gut schütteln und in ein Longdrinkglas auf Eiswürfel abseihen. Mit Sodawasser auffüllen. Eine Zitronenscheibe mit einer Cocktailkirsche an den Glasrand stecken.

Irish Fizz
4 cl Irish Whiskey
2 cl Curaçao Orange
3 cl Zitronensaft
1 cl Zuckersirup
Sodawasser

Die Zutaten – ohne Sodawasser – mit Eiswürfeln im Shaker lange und kräftig schütteln, in ein Longdrinkglas abseihen und mit etwas Sodawasser auffüllen.

Irish Old Fashioned
5 cl Irish Whiskey
2 Spritzer Angostura
1 Stück Würfelzucker

In ein Old-Fashioned-Glas den Würfelzucker geben, mit Angostura tränken und etwas klares Wasser dazugeben. Den Zucker mit einem Barlöffel zerdrücken, das Glas mit Eiswürfeln füllen und den Whiskey darübergießen. Gut umrühren, eine Cocktailkirsche und je eine halbe Orangen- und Zitronenscheibe dazugeben.

Irish Whisky Flip
5 cl Irish Whiskey
1 cl Zuckersirup
2 cl Sahne
1 Eigelb

Die Zutaten mit Eiswürfeln im Shaker kurz und kräftig schütteln, in ein Flipglas oder einen Sektkelch abseihen. Mit Muskat bestreuen.

Bourbon Whiskey

Die Geschichte des amerikanischen Whiskeys beginnt mit der Besiedelung des Kontinents durch die Europäer und reicht daher nicht so weit zurück wie die des schottischen oder irischen Whiskys.
Die Auswanderer aus Schottland und Irland brannten anfangs meistens nur für ihren eigenen Bedarf, doch mit dem mengenmäßigen Anstieg der Getreideernten in späteren Jahren stieg auch die Anzahl der kleinen Brennereien und damit die Whiskey-Produktion.

Whisky Sour

Der damalige „Whiskey" war, verglichen mit den heutigen Qualitäten, ein derbes und hartes Getränk. Doch bereits Ende des 18. Jahrhunderts hatte sich Whiskey zum amerikanischen Nationalgetränk entwickelt. Wurde anfänglich zur Destillation Roggen genommen, ersetzte man diesen im Laufe der weiter nach Westen vorrückenden Besiedlung durch Mais, der in den neuen Gebieten besser gedieh.
Der eigentliche Ursprung des heute weltbekannten Bourbon Whiskeys liegt in Scott County, dem zum Staat Virginia gehörenden Teil des Bourbon Counties. Da aber im westlichen Nachbarstaat Kentucky ein vergleichbarer Whiskey hergestellt wurde, bürgerte sich die Bezeichnung „Kentucky Bourbon Whiskey" ein.
Heute wird auch in Maryland, Illinois, Pennsylvania und Tennessee Bourbon hergestellt.
Die Art der Herstellung von Bourbon Whiskey glich anfangs der des schottischen Malt Whiskys, später ging man dazu über, Roggen und Mais zu verwenden.
Das aus der Heimat der Siedler übernommene „Pot Still"-Destillationsverfahren wurde durch die rationellere Methode der kontinuierlichen Destillation abgelöst. Erhalten blieb die Lagermethode in innen ausgekohlten Eichenholzfässern. Eines der wichtigsten Unterscheidungsmerkmale bei der Bourbon-Herstellung ist das Verfahren zur Einleitung der Gärung. Dies geschieht durch die Sour-Mash- oder Sweet-Mash-Methode. Bei der Sour-Mash-Methode wird ein Teil des hefehaltigen Rückstandes der vorhergehenden Destillation der folgenden Fermentation zugesetzt. Man überträgt so den Charakter des Whiskeys von einem zum nächsten.
Bei der einfacheren, seltener angewandten Sweet-Mash-Methode wird stets neue Hefe verwendet.
Auf den Etiketten wird oft auf das Sour-Mash-Verfahren hingewiesen.
Bourbon Whiskey darf ein Getreide-Destillat genannt werden, wenn in der Maische mindestens 51% Mais enthalten waren und es wenigstens zwei Jahre im ausgekohlten

Eichenholzfaß gelagert wurde. Die tatsächliche Lagerzeit liegt mit vier bis acht Jahren meist höher.
Blended American Whiskey ist ein mit einfachen, nicht überwiegend aus Mais hergestellten Destillaten verschnittener Bourbon Whiskey. Er kann mit dem Blended Scotch verglichen werden.
Bourbon Whiskey eignet sich aufgrund seiner Weichheit hervorragend zum Mixen. Man trinkt ihn pur, on the rocks, mit klarem Wasser, Soda, Cola, Seven Up, Sprite oder Ginger Ale.

Horse's Neck
6 cl Bourbon Whiskey
2 Spritzer Angostura
Ginger Ale
Zitronenschalenspirale

Ein großes Longdrinkglas halb mit Eiswürfeln füllen, die Zitronenspirale in das Glas hängen, Bourbon und Angostura dazugeben. Mit Ginger Ale auffüllen.

Whisky Flip
5 cl Bourbon Whiskey
1 cl Zuckersirup
2 cl Sahne
1 Eigelb

Die Zutaten mit Eiswürfeln im Shaker kurz und kräftig schütteln und in ein Flipglas abseihen. Mit etwas Muskat bestreuen.
Zum *Whisky Flip* eignen sich auch Canadian, Irish und Scotch Whisky.

Bourbon Manhattan
4 cl Bourbon Whiskey
2 cl Vermouth Rosso
2 Spritzer Angostura

Die Zutaten in ein mit Eiswürfeln gefülltes Rührglas geben, gut vermischen und in ein Cocktailglas abseihen. Eine Cocktailkirsche dazugeben.

Sheep's Head
4 cl Bourbon Whiskey
1 cl Vermouth Rosso
1 cl Bénédictine

Zubereitung wie *Bourbon Manhattan*. Das Aroma einer Zitronenschale daraufspritzen und diese mit einer Cocktailkirsche dazugeben.

Angelic
4 cl Bourbon Whiskey
2 cl Crème de Cacao Weiß
4 cl Sahne
1 cl Grenadine

Die Zutaten im Shaker mit Eiswürfeln gut schütteln und in eine Cocktailschale abseihen.

Colonel Collins
5 cl Bourbon Whiskey
3 cl Zitronensaft
2 cl Zuckersirup
Sodawasser

Die Zutaten – ohne Sodawasser – mit Eiswürfeln im Shaker gut schütteln und in ein Longdrinkglas auf einige Eiswürfel abseihen. Mit etwas Sodawasser auffüllen. Mit einer Zitronenscheibe und einer Cocktailkirsche garnieren.

Golden Nail
4 cl Bourbon Whiskey
2 cl Southern Comfort
oder
3 cl Bourbon Whiskey
3 cl Southern Comfort

In einem Rührglas mit Eiswürfeln Whiskey und Southern Comfort gut vermischen. In ein Cocktailglas oder in einen mit Eis gefüllten Tumbler abseihen.

Whisky Sour
5 cl Bourbon Whiskey
3 cl Zitronensaft
1-2 cl Zuckersirup

Die Zutaten im Shaker mit Eiswürfeln kräftig schütteln und in ein Stielglas abseihen. Mit einer halben Orangenscheibe und einer Cocktailkirsche garnieren.
Für *Whisky Sour* eignet sich auch Canadian, Irish oder Scotch Whisky.

Nevins
4 cl Bourbon Whiskey
1 cl Apricot Brandy
2 cl Grapefruitsaft
1 cl Zitronensaft
1 Spritzer Angostura

Zubereitung wie *Whisky Sour.*

Old Fashioned
5 cl Bourbon Whiskey
2 Spritzer Angostura
1 Stück Würfelzucker

In ein Old-Fashioned-Glas den Würfelzucker geben, mit Angostura tränken und etwas klares Wasser dazugeben. Den Zucker mit einem Barlöffel zerdrücken, das Glas mit Eiswürfeln füllen und den Whiskey darübergießen. Gut umrühren, eine Cocktailkirsche und je eine halbe Orangen- und Zitronenscheibe dazugeben.
(Diesen klassischen Bourbon-Drink kann man je nach Geschmack mit allen Whisky-Sorten zubereiten.)

Canadian Whisky

Die Entstehungsgeschichte des kanadischen Whiskys ist im wesentlichen vergleichbar mit der des amerikanischen, sie begann aber weitaus später. Zur Herstellung des kanadischen Whiskys werden im allgemeinen die gleichen Getreidesorten wie für den Bourbon Whiskey verwendet. Das größte Unterscheidungsmerkmal zum Bourbon ist die Behandlung der Hefe. In den kanadischen Destillerien wird aus kleinen Mengen Hefe mit Zusatz von Malzsirup in Brutkästen eine kontinuierliche Vermehrung mit gleichbleibender Qualität erreicht. Diese Hefekulturen bewirken das Einsetzen der alkoholischen Gärung in der Getreidemaische. Am Ende des Gärungsprozesses erhält man eine bierähnliche Flüssigkeit, die nach zwei Brennvorgängen ein sehr reines Destillat ergibt.

Canadian Whisky gilt aufgrund seines eigenständigen Herstellungsverfahrens als der „sauberste" Whisky. Das Achten auf allergrößte Reinheit des Destillats bringt aber auch den Verlust von Aromastoffen mit sich.

Im Gegensatz zum amerikanischen Bourbon Whiskey wird der kanadische nicht nur in innen ausgekohlten, sondern auch in frischen Eichenholzfässern zur Reifung gelagert. Die Reifezeit beträgt mindestens zwei, in der Regel jedoch fünf bis sechs Jahre.

Sämtliche kanadischen Whiskys sind „Blends". Dabei ist die Basis für den Blend ein äußerst leichter, fast neutraler Grain (Korn) Whisky. Der Geschmacksgeber ist jedoch der Rye (Roggen) Whisky.

Canadian Whisky hat von allen Whisky-Typen den leichtesten und zartesten Geschmack. Er wird vielfach wie Scotch getrunken, eignet sich aber genausogut für alle Mixgetränke, wobei er nicht so stark im Geschmack durchdringt wie z. B. Bourbon.

Manhattan

4 cl Canadian Whisky
2 cl Vermouth Rosso
2 Spritzer Angostura

Die Zutaten in ein mit Eiswürfeln gefülltes Rührglas geben, gut vermischen und in ein gekühltes Cocktailglas abseihen. Eine Cocktailkirsche dazugeben.

Manhattan Dry

4 cl Canadian Whisky
2 cl Vermouth Dry
2 Spritzer Angostura

Zubereitung wie *Manhattan*. Anstelle der Cocktailkirsche eine grüne Olive mit Stein dazugeben.

Trois Rivieres

4 cl Canadian Whisky
2 cl Dubonnet
1 cl Cointreau

Zubereitung wie *Manhattan*. Das Aroma einer Orangenschale daraufspritzen, die Schale ins Getränk geben.

Mounty *1986

5 cl Canadian Whisky
2 cl Zitronensaft
4 cl Ananassaft
2 cl Grenadine

Mit Eiswürfeln im Shaker gut schütteln und in ein Old-Fashioned-Glas auf einige Eiswürfel abseihen. Eine Orangenscheibe mit einer Cocktailkirsche an den Glasrand stecken.

Canadian Sour

5 cl Canadian Whisky
3 cl Zitronensaft
1-2 cl Zuckersirup

Mit Eiswürfeln im Shaker kräftig schütteln und in ein Stielglas abseihen. Mit einer halben Orangenscheibe und einer Cocktailkirsche garnieren.

Canadian Horse's Neck

6 cl Canadian Whisky
2 Spritzer Angostura
Ginger Ale
Zitronenspirale

Ein großes Longdrinkglas halb mit Eiswürfeln füllen, die Zitronenspirale in das Glas hängen, Angostura und Canadian Whisky dazugeben, mit Ginger Ale auffüllen.

Canadian Old Fashioned

5 cl Canadian Whisky
2 Spritzer Angostura
1 Stück Würfelzucker

In ein Old-Fashioned-Glas den Würfelzucker geben, mit Angostura tränken und etwas klares Wasser dazugeben. Den Zucker mit einem Barlöffel zerdrücken, das Glas mit Eiswürfeln füllen und den Whisky darübergießen. Gut umrühren, eine Cocktailkirsche und je eine halbe Scheibe Orange und Zitrone dazugeben.

Ward Eight

5 cl Canadian Whisky
2 cl Zitronensaft
2 cl Orangensaft
1 cl Grenadine

Im Shaker mit Eiswürfeln gut schütteln und in ein ballonförmiges Stielglas abseihen. Mit einer Zitronenscheibe garnieren und zwei kurze Strohhalme dazugeben.

Captain Collins

5 cl Canadian Whisky
3 cl Zitronensaft
2 cl Zuckersirup
Sodawasser

Die Zutaten – ohne Sodawasser – im Shaker gut schütteln und in ein Longdrinkglas auf einige Eiswürfel abseihen. Mit etwas Sodawasser auffüllen. Mit einer Zitronenscheibe und einer Cocktailkirsche garnieren.

Canadian Whisky Flip

5 cl Canadian Whisky
1 cl Zuckersirup
2 cl Sahne
1 Eigelb

Mit Eiswürfeln im Shaker kurz und kräftig schütteln, in ein Flipglas oder einen Sektkelch abseihen und mit etwas Muskat bestreuen.

Boston Flip

3 cl Canadian Whisky
2 cl Roter Portwein
1 cl Zuckersirup
2 cl Sahne
1 Eigelb

Zubereitung wie *Canadian Whisky Flip*.

Canadian Horse's Neck

Canadian Old Fashioned

Southern Comfort

Southern Comfort, die älteste Likörmarke der USA, wurde erstmals Mitte des 19. Jahrhunderts in New Orleans hergestellt. Heute ist St.Louis/Missouri der Firmensitz.
Die Basis für Southern Comfort ist Bourbon Whiskey. Dieser wird mit Pfirsichlikör, Pfirsichen, Zitrusfrüchten sowie Kräutern aromatisiert und nach einer Faßlagerung von sechs bis acht Monaten abgefüllt.
Obwohl Southern Comfort zu den Likören zählt, wird er vielfach wegen seines hohen Alkoholgehalts als gesüßter Bourbon bezeichnet.
Southern Comfort trinkt man pur, on the rocks und verwendet ihn wegen seines Pfirsicharomas vielfach zum Mixen aparter Longdrinks.

Southern Trip
4 cl Southern Comfort
4 cl Orangensaft
Champagner oder Sekt

Southern Comfort und Orangensaft in ein Longdrinkglas mit Eiswürfeln gießen und mit Champagner oder Sekt auffüllen. Mit einer Orangenscheibe und einer Cocktailkirsche garnieren.

New Orleans
4 cl Southern Comfort
2 cl Bourbon Whiskey
1 cl Amaretto
4 cl Orangensaft
2 cl Zitronensaft

Im Shaker mit Eiswürfeln gut schütteln und in ein Longdrinkglas auf gestoßenes Eis abseihen. Mit Minze, einem Stück Ananas und einer Cocktailkirsche garnieren.

Southern Trip

Scarlett O'Hara

Southern Summer
4 cl Southern Comfort
2 cl Canadian Whisky
4 cl Pfirsichsaft
1 cl Zitronensaft
Ginger Ale

Southern Comfort, Whisky sowie die Säfte im Shaker mit Eiswürfeln gut schütteln und in ein Longdrinkglas auf einige Eiswürfel abseihen. Mit Ginger Ale auffüllen, leicht rühren, mit einer Orangenscheibe und einem Minzezweig garnieren.

New Orleans

Florida Comfort
5 cl Southern Comfort
2 cl Zitronensaft
2 cl Grenadine
10 cl Orangensaft

Im Shaker mit Eiswürfeln gut schütteln und in ein Longdrinkglas auf einige Eiswürfel abseihen. Mit einer Orangenscheibe garnieren.

Scarlett O'Hara
5 cl Southern Comfort
3 cl Preiselbeersaft
2 cl Limonensaft

Mit Eiswürfeln im Shaker gut schütteln und in eine Cocktailschale abseihen.

Southern Dream
4 cl Southern Comfort
2 cl Galliano
2 cl Orangensaft
4 cl Sahne

Zubereitung wie *Scarlett O'Hara.*

Comfort Sour
5 cl Southern Comfort
3 cl Zitronensaft
1 cl Zuckersirup

Im Shaker mit Eiswürfeln gut schütteln und in ein Stielglas abseihen. Einen Spieß mit einer halben Orangenscheibe und einer Cocktailkirsche über den Glasrand legen.

Comfort Collins
4 cl Southern Comfort
2 cl Zitronensaft
Seven-up oder Sprite

Southern Comfort und den Zitronensaft in ein Longdrinkglas mit Eiswürfeln geben und mit Seven-up oder Sprite auffüllen. Mit einer Zitronenscheibe und Cocktailkirschen garnieren.

Comfort Manhattan
4 cl Southern Comfort
2 cl Vermouth Dry

Im Barglas mit Eiswürfeln gut vermischen und in ein Cocktailglas abseihen. Mit einer Cocktailkirsche garnieren.

Teco
3 cl Southern Comfort
3 cl Tequila
Orangensaft

Ein Longdrinkglas mit Eiswürfeln füllen, Southern Comfort, Tequila und Orangensaft darübergießen. Gut umrühren und mit einer Orangenscheibe garnieren.

Comfort Ginger
4 cl Southern Comfort
Ginger Ale

Ein Longdrinkglas mit Eiswürfeln füllen, Southern Comfort darübergießen und mit Ginger Ale auffüllen. Eine Orangenscheibe an den Glasrand stecken.

Comfort Orange
4 cl Southern Comfort
Orangensaft

Zubereitung wie *Comfort Ginger.*

Comfort Tonic
4 cl Southern Comfort
Tonic Water

Zubereitung wie *Comfort Ginger.* Eine Zitronenscheibe ins Getränk geben.

Comfort Cola
4 cl Southern Comfort
Cola

Zubereitung wie *Comfort Ginger.* Eine Zitronenscheibe dazugeben.

Cointreau

Schon im Jahre 1827 hatte die Familie Cointreau in Anjou, dem Herzen Frankreichs, mit der Likörbereitung begonnen und eine Vielzahl von Likören hergestellt. Gegen Mitte des letzten Jahrhunderts entstand „Cointreau". Dieser Likör auf Basis der Bitterorange unterscheidet sich von anderen Likören durch seine Klarheit und seinen fruchtigen, herbsüßen Geschmack. Unter allen Likören, die heute hergestellt werden, ist Cointreau der bedeutendste.

Die verwendeten Orangenschalen kommen von den Antillen, aus Marokko und Spanien. Sie werden zunächst von ihrer weißen Innenhaut befreit und dann – nach altem Familienrezept – gemischt und destilliert. Dabei entzieht der erhitzte Alkohol den Orangenschalen ihr Aroma. Anschließend wird gefiltert und Zuckersirup zugesetzt. Nach mehreren Kühl- und Lagerungsphasen kommt Cointreau mit 40% Vol. zur Abfüllung.
Heute hat sich Cointreau die ganze Welt erobert und stellt etwa ein Viertel der gesamten französischen Likörproduktion. Über ein Fünftel des Cointreau-Exports wird nach Deutschland versandt.
Cointreau ist ein klassischer „any Time"-Drink, wird gerne zum Kaffee getrunken und erfreut sich auch on the rocks zunehmender Beliebtheit. Zum Mixen ist Cointreau für so weltbekannte Cocktails wie Side Car, White Lady und Margarita unentbehrlich.
In Verbindung mit Limonen stellt Cointreau eine Basis für Trend-Drinks der neuen Generation.

Cointreau Lime on Ice
4 cl Cointreau
4 cl Limonensaft
4 cl klares Wasser

In ein Old-Fashioned-Glas drei Eiswürfel geben. Cointreau, Limonensaft und das Wasser dazugeben und mit einem Barlöffel leicht umrühren. Ein Limonenstück über dem Glas auspressen und in den Drink geben.

Cointreau Fiesta
2 cl Cointreau
1 cl Crème de Bananes
Champagner oder Sekt

Cointreau, Bananenlikör und einen Eiswürfel in eine Champagnertulpe geben und mit Champagner oder Sekt auffüllen. Mit einer Orangenschale abspritzen und diese dazugeben.

Cointreau Orange
4 cl Cointreau
Orangensaft

Cointreau in ein Longdrinkglas mit Eiswürfeln geben und mit Orangensaft auffüllen. Mit einer Orangenscheibe garnieren.
Anstelle von Orangensaft läßt sich auch Maracuja-, Grapefruit- oder Ananassaft verwenden.

Mer du Sud
4 cl Cointreau
1 cl Curaçao Blue
4 cl Ananassaft
Ginger Ale

Die Zutaten – ohne Ginger Ale – in ein Longdrinkglas mit Eiswürfeln geben, gut rühren und mit Ginger Ale auffüllen. Mit einem Ananasstück, Ananasblättern und einer Cocktailkirsche servieren.

Velvet Hammer
4 cl Cointreau
2 cl Crème de Cacao Weiß
4-6 cl Sahne

Mit Eiswürfeln im Shaker gut schütteln und in eine Cocktailschale abseihen.

Passing Shot
4 cl Cointreau
8 cl Bananensaft
1 cl Campari
1 cl Grenadine

In einen Tumbler mit Eiswürfeln geben und umrühren. Mit Cocktailkirschen und Bananenscheiben garnieren.

Springtime
2 cl Cointreau
4 cl Wodka
6 cl Orangensaft

Im Shaker mit Eiswürfeln gut schütteln und in einen Tumbler auf Eiswürfel abseihen. Mit einer Orangenscheibe und einer Cocktailkirsche garnieren.

Cointreau Fiction
4 cl Cointreau
2 cl Orangensaft
2 cl Zitronensaft
Sodawasser

Den Cointreau und die Säfte in ein Longdrinkglas mit Eiswürfeln geben und mit etwas Sodawasser auffüllen. Mit einer Orangenscheibe garnieren.

Cointreau Tonic
4 cl Cointreau
Tonic Water

Den Cointreau in ein Longdrinkglas mit Eiswürfeln geben und mit Tonic Water auffüllen. Mit einer Zitronenscheibe garnieren.

Cointreau Bitter Lemon
4 cl Cointreau
Bitter Lemon

Zubereitung wie *Cointreau Tonic*.

Cafe Cointreau
4 cl Cointreau
1 Tasse heißer Kaffee
1 Teelöffel Zucker
leicht geschlagene Sahne

Cointreau, Zucker und Kaffee in ein vorgewärmtes Stielglas geben, gut verrühren. Die Sahne als Haube daraufsetzen.

Passing Shot

Mer du Sud

Was Sie noch mit Cointreau mixen können:

Grand Marnier

Die Geschichte des Grand Marnier ist eng mit der außergewöhnlichen Entwicklung der Destillerie Lapostolle in dem französischen Städtchen Neauphle le Château verbunden, die sich mit ihren Produkten einen guten Ruf erworben hatte. In den Jahren nach 1870 versuchte Louis Alexandre Marnier-Lapostolle, dem Trend der Zeit folgend, einen außergewöhnlichen Likör zu kreieren. Er mischte und experimentierte, destillierte Cognac über Extrakten exotischer Bitterorangen und anderen Ingredienzen. Schließlich hatte er einen aromatischen, bernsteinfarbenen Likör auf der Basis von Cognac gefunden.

Der Herstellungsprozeß des Grand Marnier wurde bis heute nicht verändert, ebensowenig die Ausgangsstoffe – exotische Bitterorangen und Cognac.
Die Schalen der karibischen Bitterorangen geben bei ihrer Mazerierung und Destillation die ganze Fülle ihres Aromas an den Alkohol ab. Im Laufe langwieriger und streng kontrollierter Produktionsgänge werden diesem Extrakt ausgewählter Cognac und Caramel zugesetzt. Der Alkoholgehalt wird anschließend mit Wasser auf 40% Vol. reduziert. Nach mehrfacher Filterung und nochmaliger Lagerung, bei der sich die Zutaten vollkommen verbinden, wird Grand Marnier in die charakteristischen Flaschen mit dem roten Band (Cordon Rouge) abgefüllt.
Das Haus Marnier-Lapostolle bietet auch zwei Jubiläums-Abfüllungen an. Diese unterscheiden sich im Prinzip nur durch das Alter des verwendeten Cognacs.
Die „Cuvée du Centenaire" enthält Cognac, der durchschnittlich fünfzehn Jahre lang in Eichenfässern lagerte. Diese Qualität wird allein von der „Cuvée Spéciale Cent Cinquantenaire" übertroffen. Für sie wird ausschließlich Cognac aus dem besten Anbaugebiet, der Grande Champagne verwendet. Dieser ist bis zur Verarbeitung mindestens zwanzig Jahre, teilweise sogar bis zu hundert Jahre, in kleinen Eichenfässern herangereift. Beide Cuvées zählen zu den exquisitesten Likören der Welt.
Grand Marnier genießt man zu vielen Gelegenheiten. Als Digestif, zur Happy Hour, zur Blue Hour oder zum Kaffee, pur, als Cocktail oder als Longdrink.
Eine noch junge Kreation ist „Crème de Grand Marnier". Bei ihm verbinden sich die Extrakte exotischer Bitterorangen mit edlem alten Cognac und frischer, französischer Sahne. Seine leichten 17% Vol. machen ihn dabei zu einem Drink für fast jede Gelegenheit. Am liebsten genießt man ihn zu Kaffee, pur, on the rocks oder gemixt. Er sollte immer gekühlt angeboten werden.

Red Lion
2 cl Grand Marnier Cordon Rouge
3 cl Gin
1 cl Zitronensaft
4 cl Orangensaft
einige Tropfen Grenadine

Die Zutaten mit Eiswürfeln im Shaker gut schütteln und in eine Cocktailschale abseihen.

Grand Margarita
3 cl Grand Marnier Cordon Rouge
3 cl Tequila
3 cl Zitronen- oder Limonensaft

Den Rand einer Cocktailschale in einem Zitronenviertel drehen und in eine mit Salz gefüllte Schale tupfen. Das nicht haftende Salz durch leichtes Klopfen am Glas entfernen. Die Zutaten mit Eiswürfeln im Shaker kräftig schütteln und in das präparierte Glas abseihen. Mit einer Limonenscheibe garnieren.

Grand Marnier Sour
4 cl Grand Marnier Cordon Rouge
2 cl Zitronensaft
4 cl Orangensaft

Mit Eiswürfeln im Shaker gut schütteln und in ein Stielglas abseihen. Einen Spieß mit einer halben Orangenscheibe und einer Cocktailkirsche auf den Glasrand legen.

Grand Marnier à l'Orange
2 cl Grand Marnier Cordon Rouge
6 cl Orangensaft
Champagner oder Sekt

Grand Marnier und Orangensaft mit Eiswürfeln im Shaker kräftig schütteln und in ein Kelchglas abseihen. Mit gut gekühltem Champagner oder Sekt auffüllen. Eine halbe Orangenscheibe dazugeben.

Rêve d'Or
4 cl Grand Marnier Cordon Rouge
1 cl Galliano
2 cl Sahne
4 cl Orangensaft

Die Zutaten mit Eiswürfeln im Shaker gut schütteln und in eine Cocktailschale abseihen.

Chapeau blanc
4 cl Grand Marnier Cordon Rouge
2 cl Cognac
leicht geschlagene Sahne

Grand Marnier und Cognac im Rührglas mit Eiswürfeln gut vermischen und in ein kleines Stielglas abseihen. Die Sahne als Haube daraufsetzen.

Was Sie noch mit Grand Marnier mixen können:

	Seite
COFFEE GRAND	123
MAX CALVADOR	84
PETRIFIER	77
SEVEN TWENTY-SEVEN	122
TROPICAL ITCH	65
TROPIC CAMPARI	31

Butterfly
4 cl Crème de Grand Marnier
2 cl Curaçao Blue
8 cl Orangensaft

Im Shaker mit Eiswürfeln kräftig schütteln und in ein Longdrinkglas auf einige Eiswürfel abseihen. Mit einem Karambolestern und einer Kiwischeibe garnieren.

Rêve Tropical
4 cl Grand Marnier Cordon Rouge
4 cl Orangensaft
4 cl Ananassaft

Im Shaker mit Eiswürfeln kräftig schütteln und in ein Old Fashioned-Glas auf einige Eiswürfel abseihen. Mit einem Ananasstück, einer Cocktailkirsche und einem Minzezweig garnieren.

Marnier Tonic
4 cl Grand Marnier Cordon Rouge
Tonic Water

Grand Marnier in ein Longdrinkglas auf einige Eiswürfel geben. Mit kaltem Tonic Water auffüllen und mit einer Zitronenscheibe garnieren.

Rêve Tropical *Butterfly* *Chapeau blanc*

Drambuie

Im Hafenviertel von Edinburgh steht seit den achtziger Jahren des vorigen Jahrhunderts das Haus der Whiskyfirma Macbeth & Son. Über dieser Firma liegt seit 1906 ein ganz besonderer alkoholischer Duftschleier. Er ist aus einer Mischung von altem Highland Malt Whisky, ebenso altem Grain Whisky und einem uralten, legendären Kräutermixtur-Destillat zusammengesetzt. In diesen Duft mischt sich noch das Aroma von Bienenhonig der Heide des schottischen Hochlands.

Das dort hergestellte Produkt, der Drambuie, ein honiggesüßter Whiskylikör, der im Grundton scotch-rauchig schmeckt, ist bei uns noch nicht sehr lange bekannt. Und das, obwohl die Entstehungsgeschichte uralt zu sein scheint. Sie geht angeblich bis auf die Met brauenden Kelten und die der Destillierkunst mächtigen Mönche Nordirlands (sie besiedelten die schottischen Highlands) zurück.
Aus dem Gälischen kommt auch der Name Drambuie. Er ist abgeleitet von „Dram Buidheach" und bedeutet: „Ein Trank, der zufrieden macht".
In Schottland erzählt man, daß Bonnie Prince Charlie, der Thronprätendent Prince Charles Edward III. Stuart, diesen Trank selbst erfunden habe. Die Legende berichtet, wie 1746 der Versuch eines Heeres freier Schotten, die Krone Britanniens zu erobern, trotz einiger Anfangserfolge scheiterte. Der Prinz mußte fliehen. Mac Kinnon, einer seiner Mitstreiter, versteckte ihn bis zu seiner Emigration nach Frankreich auf der wildzerklüfteten Insel Skye. Zum Dank überließ der Prinz seinem Getreuen das Rezept seines Whiskylikörs. Die Familie der Mac Kinnon benutzte das Rezept über lange Zeit nur für den Hausgebrauch. Als sie aber 1906 in Edinburgh die Whiskyfirma Macbeth übernahm, faßte sie den Entschluß, das überlieferte Rezept kommerziell zu nutzen.
Die Anfangserfolge des Whiskylikörs waren nur kärglich, man nahm selbst in der Whisky-Metropole Edinburgh kaum Notiz vom Drambuie.
Mit Werbekampagnen wurde der Bekanntheitsgrad stetig gesteigert. 1916 kam dann, zehn Jahre nach dem ersten Experiment, der große Durchbruch: Drambuie wurde offiziell in die Liste der Getränke des House of Lords aufgenommen. Heute ist Drambuie weltweit verbreitet.
So geheimnisvoll und alt das Rezept auch war, es mußte doch dem Zeitgeschmack angepaßt werden. Der ursprünglich verwendete Highland Malt Whisky wäre für den heutigen Geschmack sicher zu rauh.
Drambuie ist heute der meistverkaufte Likör in Großbritannien und die Firma der größte Likörproduzent des Commonwealth.
Der 40%ige Drambuie sollte kühl getrunken werden. Er empfiehlt sich als Digestif und eignet sich ausgezeichnet zum Mixen.

Corcovado
2 cl Drambuie
2 cl Curaçao Blue
2 cl Tequila
Seven-up oder Sprite

Die Zutaten – ohne Limonade – mit Eiswürfeln im Shaker gut schütteln und in ein mit gestoßenem Eis gefülltes Longdrinkglas abseihen. Mit der Limonade auffüllen. Eine Orangen- und eine Zitronenscheibe an den Glasrand stecken, eine Cocktailkirsche dazugeben.

Drambuie Grape

4 cl Drambuie
1 Barlöffel Zitronensaft
Schweppes Bitter Grapefruit

Drambuie und Zitronensaft in ein Longdrinkglas mit Eiswürfeln geben und mit Bitter Grapefruit auffüllen. Mit einer Grapefruitscheibe garnieren.

Drambuie Punch

4 cl Drambuie
2 cl Zitronensaft
10 cl Orangensaft

Den Drambuie in ein Longdrinkglas mit Eiswürfeln geben, mit den Säften auffüllen und gut rühren. Mit einer Orangenscheibe garnieren.

Drambuie Orange

4 cl Drambuie
Orangensaft

Zubereitung wie *Drambuie Punch.*

Prince Charles

3 cl Drambuie
3 cl Cognac
3 cl Zitronensaft

Die Zutaten mit Eiswürfeln im Shaker gut schütteln und in ein Stielglas abseihen.

Old Nick

3 cl Drambuie
3 cl Scotch Whisky
2 cl Orangensaft
2 cl Zitronensaft
2 Spritzer Angostura

Zubereitung wie *Prince Charles.*

Honey Dew

3 cl Drambuie
3 cl Calvados
3 cl Zitronensaft

Zubereitung wie *Prince Charles.*

Rusty Nail *Corcovado*

Drambuie Sour

4 cl Drambuie
4 cl Zitronensaft
2 cl Orangensaft
1 cl Zuckersirup

Die Zutaten im Shaker mit Eiswürfeln kräftig schütteln und in ein Stielglas abseihen. Mit einer halben Orangenscheibe und einer Cocktailkirsche garnieren.

Rusty Nail

2 cl Drambuie
4 cl Scotch Whisky
oder
3 cl Drambuie
3 cl Scotch Whisky

Drambuie und Scotch im Rührglas mit Eiswürfeln gut vermischen und in ein Cocktailglas oder in einen mit Eiswürfeln gefüllten Tumbler abseihen.

Drambuie Apricot

4 cl Drambuie
1 cl Zitronensaft
10 cl Aprikosensaft

Mit Eiswürfeln in ein Longdrinkglas geben und gut vermischen. Zusätzlich kann mit etwas Sodawasser aufgefüllt werden. Mit einer Orangenscheibe garnieren.

Drambuie Fizz

4 cl Drambuie
4 cl Zitronensaft
1-2 cl Zuckersirup
Sodawasser

Die Zutaten – ohne Sodawasser – mit Eiswürfeln im Shaker lange und kräftig schütteln. In ein Longdrinkglas abseihen und mit etwas Sodawasser auffüllen.

Konfetti

3 cl Drambuie
3 cl Weißer Rum
3 cl Grapefruitsaft
Seven-up oder Sprite

Drambuie, Rum und Grapefruitsaft in ein Longdrinkglas mit Eiswürfeln geben, kurz rühren und mit der Limonade auffüllen. Eine halbe Scheibe Grapefruit und einige Cocktailkirschen ins Glas geben.

Honeybee of Skye *1985

4 cl Drambuie
2 cl Orgeat/Orzata-Mandelextrakt
1 cl Zitronensaft
12 cl Orangensaft

Die Zutaten im Shaker mit Eiswürfeln gut schütteln und in ein Longdrinkglas auf einige Eiswürfel abseihen. Mit einer Orangenscheibe und einer Cocktailkirsche garnieren.

Was Sie noch mit Drambuie mixen können:

	Seite
BOBBY BURNS	88
BRANDY FINO	38
CALEDONIAN MIST	88
ROB ROY – HOLIDAY STYLE	88

Bénédictine

Bereits im Jahre 1510 bereitete Bernardo Vincelli, ein Bruder im Benediktiner-Kloster von Fécamp in der Normandie, ein Elixier, dessen Rezept eine heute weltbekannte Köstlichkeit ergibt: Liqueur Bénédictine.

Das Gebiet von Fécamp war schon immer reich an Kräutern aller Art, die in der Nachbarschaft des Meeres besonders gut gedeihen. Bernardo Vincelli war kräuterkundig; er befaßte sich mit Kräutern und Pflanzen, um deren heilende Eigenschaften zu ergründen.

Aus 27 ausgewählten Kräutern bereitete er ein Elixier, dem man wohltuende und stärkende Eigenschaften zusprach.

Der Lauf der Geschichte sorgte dafür, daß das köstliche Rezept verlorenging und für Jahrhunderte verschollen blieb.

Im Jahre 1863 fand der Kaufmann Alexandre Le Grand aus Fécamp unter ererbten Manuskripten das Pergament mit der Formel des Bénédictine-Elixiers wieder. Von dieser Formel ausgehend, vertiefte sich Le Grand in die Geheimnisse der Kräuter, und nach zahlreichen Experimenten gelang es ihm schließlich, das überlieferte Rezept nachzuvollziehen.

Immer noch bilden die Wurzeln, Stengel und Rinden der ursprünglichen 27 Pflanzen die Basis, darunter auch Exoten wie Muskat, Zimt, Vanille und Aloë.

Die zahlreichen Herstellungsstadien beginnen mit dem Zuordnen der in Art und Aroma zueinander passenden Kräuter.

So entstehen fünf verschiedene Mischungen. Vier davon werden destilliert, die fünfte, hauptsächlich Früchte bzw. Fruchtschalen, wird mazeriert.

Die fünf Grundsubstanzen werden in verschlossenen Steinguttöpfen in den weiträumigen Kellergewölben bis zur vollkommenen Reife gelagert und dann gemäß dem alten Rezept miteinander vermischt.

Bénédictine schmeckt am besten nach dem Essen oder zum Kaffee. Als Cocktail-Ingredienz bietet Bénédictine eine Fülle von Variationsmöglichkeiten.

Gipsy

2 cl Bénédictine
4 cl Wodka
1 Spritzer Angostura

Die Zutaten in ein mit Eiswürfeln gefülltes Rührglas geben, gut vermischen und in ein gekühltes Cocktailglas abseihen.

D.O.M. Cocktail

2 cl Bénédictine
4 cl Gin
2 cl Orangensaft

Im Shaker mit Eiswürfeln gut schütteln und in ein Stielglas abseihen.

Honeymoon

3 cl Bénédictine
3 cl Calvados
3 cl Zitronensaft
1 cl Cointreau

Zubereitung wie *D.O.M. Cocktail.*

B and B
2 cl Bénédictine
2 cl Cognac

Hier bieten sich mehrere Arten der Zubereitung an:
1. Bénédictine und Cognac in einen Cognacschwenker geben und durch leichtes Schwenken vermischen.
2. Bénédictine und Cognac mit Eiswürfeln im Rührglas gut vermischen und in einen Schwenker oder
3. in einen Tumbler mit Eiswürfeln abseihen.

San Juan Sling

B and B

Mandarin
2 cl Bénédictine
2 cl Apricot Brandy
2 cl Curaçao Orange
1 cl Galliano
4 cl Orangensaft
4 cl Sahne

Im Shaker mit Eiswürfeln gut schütteln und in ein zur Hälfte mit Eiswürfeln gefülltes Longdrinkglas abseihen. Mit einer Orangenscheibe und einer Cocktailkirsche garnieren.

Brighton Punch
2 cl Bénédictine
2 cl Bourbon Whiskey
2 cl Cognac
6 cl Orangensaft
2 cl Zitronensaft
Sodawasser

Die Zutaten – ohne Sodawasser – mit Eiswürfeln im Shaker gut schütteln und in ein Longdrinkglas auf Eiswürfel abseihen. Mit Sodawasser auffüllen, kurz rühren und mit einer Orangen- und einer Zitronenscheibe garnieren.

San Juan Sling
2 cl Bénédictine
2 cl Cherry Brandy/Kirschlikör
2 cl Jamaica Rum
2 cl Zitronensaft
Sodawasser

Die Zutaten – ohne Sodawasser – im Shaker mit Eiswürfeln gut schütteln und in ein Longdrinkglas auf einige Eiswürfel abseihen. Mit Sodawasser auffüllen. Zum Garnieren ein Stück Ananas, eine Orangenscheibe und eine Cocktailkirsche nehmen.

B and B Collins
2 cl Bénédictine
4 cl Cognac
2 cl Zuckersirup
3 cl Zitronensaft
Sodawasser

Cognac, Zuckersirup und Zitronensaft mit Eiswürfeln gut schütteln und in ein Longdrinkglas auf einige Eiswürfel abseihen. Mit Sodawasser auffüllen und mit einer Zitronenscheibe und zwei Cocktailkirschen garnieren.
Auf das fertige Getränk den Bénédictine geben.

Cafe Bénédictine
4 cl Bénédictine
1 Tasse heißer Kaffee
1 Teelöffel Zucker
leicht geschlagene Sahne

Benedictine, Zucker und Kaffee in ein vorgewärmtes Stielglas geben, gut verrühren, die Sahne als Haube daraufsetzen.

Frisco Sour
2 cl Bénédictine
3 cl Bourbon Whiskey
3 cl Zitronensaft
1 cl Zuckersirup

Im Shaker mit Eiswürfeln kräftig schütteln und in ein Stielglas abseihen. Mit einer halben Orangenscheibe und einer Cocktailkirsche garnieren.

Chartreuse

Chartreuse ist einer der berühmtesten Kräuterliköre und der einzige weltbekannte Likör, dessen Herstellung von Anfang bis Ende allein in den Händen von Mönchen liegt.

Die jahrhundertealte Tradition ist eng verknüpft mit der Geschichte der Kartäusermönche, die ihn von alters her produzieren. Auch heute noch sind es Kartäusermönche, die in Voiron nahe Grenoble Chartreuse nach dem streng gehüteten Rezept aus dem Jahre 1605 destillieren.

Dieser vorzügliche Likör aus 130 Heil- und Würzkräutern reift lange Jahre in zum Teil über 100 Jahre alten Eichenfässern in den Kellern des Klosters, die mit 164 Meter die längsten Likörkeller der Welt sind.

Der kräftig-herbe Chartreuse Grün mit 55% Vol. und der zartmilde Chartreuse Gelb mit 40% Vol. zählen zu den klassischen französischen Digestifs und sollten stets gekühlt oder on the rocks getrunken werden.

Mit beiden Sorten lassen sich anregende Aperitifs und eine Vielzahl von Cocktails mixen.

Chartreuse Orange
4 cl Chartreuse Gelb oder Grün
Orangensaft

Den Chartreuse in ein mit Eiswürfeln gefülltes Longdrinkglas geben und mit Orangensaft auffüllen. Mit einer Orangenscheibe garnieren.

Swamp Water
4 cl Chartreuse Grün
Ananassaft

Zubereitung wie *Chartreuse Orange.*

Chartreuse Tonic
4 cl Chartreuse Grün
1 cl Zitronensaft
Tonic Water

Chartreuse und Zitronensaft in ein mit Eiswürfeln gefülltes Longdrinkglas geben und mit Tonic Water auffüllen. Eine halbe Scheibe Zitrone dazugeben.

Chartreuse Cooler
4 cl Chartreuse Gelb
6 cl Orangensaft
2 cl Zitronensaft
Bitter Lemon

Den Chartreuse, Orangen- und Zitronensaft im Shaker mit Eiswürfeln gut schütteln und in ein Longdrinkglas auf einige Eiswürfel abseihen. Mit Bitter Lemon auffüllen, leicht rühren und mit einer Orangenscheibe garnieren.

Kloster von Chartreuse

Café Royal
4 cl Chartreuse Gelb oder Grün
1 Tasse heißer Kaffee
1 Teelöffel Zucker
leicht geschlagene Sahne

Chartreuse, Zucker und Kaffee in ein vorgewärmtes Stielglas geben, gut verrühren. Die Sahne als Haube daraufsetzen, einige Schokoladenraspel daraufstreuen.

Chartreuse Cooler *Bijou*

Bijou
2 cl Chartreuse Grün
2 cl Gin
2 cl Vermouth Dry
Mit Eiswürfeln im Rührglas gut vermischen und in ein gekühltes Cocktailglas abseihen.

Alaska
2 cl Chartreuse Gelb
4 cl Gin

Zubereitung wie *Bijou.*

Amber Dream
1 cl Chartreuse Gelb
2 cl Vermouth Rosso
3 cl Gin

Zubereitung wie *Bijou.*

Champs Élysées
2 cl Chartreuse Gelb
4 cl Cognac
2 cl Zitronensaft

Im Shaker mit Eiswürfeln gut schütteln und in eine Cocktailschale abseihen.

Chartreuse Matinée
3 cl Chartreuse Gelb
3 cl Kaffeelikör
3 cl Orangensaft
3 cl Sahne

Die Zutaten im Shaker mit Eiswürfeln gut schütteln und in eine Cocktailschale abseihen.

Chartreuse Sour
4 cl Chartreuse Gelb
3 cl Zitronensaft
2 cl Orangensaft
1 cl Zuckersirup

Im Shaker mit Eiswürfeln kräftig schütteln und in ein Stielglas abseihen. Mit einer halben Orangenscheibe und einer Cocktailkirsche garnieren.

Galliano

Liquore Galliano ist eine italienische Likörspezialität, die nach einem alten, geheimen Rezept seit 1896 in Solaro bei Mailand hergestellt wird. 70 verschiedene Kräuter, Pflanzen und Blumen verleihen ihm den feinen, interessanten Geschmack.
Benannt wurde Liquore Galliano nach dem berühmten italienischen Kommandanten Giuseppe Galliano, der im Abessinienkrieg 1895/96 mit seinen Soldaten der Belagerung durch eine äthiopische Übermacht 44 Tage standhielt.
Weltbekanntheit erlangte Galliano durch den Drink „Harvey Wallbanger". Er wurde nach dem Wellenreiter Harvey aus Kalifornien benannt. Dieser hatte nach einer errungenen Meisterschaft in angeheitertem Zustand sein Wellenbrett gegen die Häuserwände geknallt (wall-banger), und so erhielt Harveys Lieblingsdrink diesen Namen.
Der goldgelbe 35prozentige Galliano präsentiert sich in einer formschönen überlangen Flasche.
Galliano trinkt man pur, mit Eis oder verwendet ihn zum Mixen aparter Drinks.

Golden Cadillac
3 cl Galliano
3 cl Crème de Cacao Weiß
4-6 cl Sahne

Zubereitung wie *Froggy.*

Orange Cadillac
3 cl Galliano
3 cl Crème de Cacao Weiß
3 cl Orangensaft
3 cl Sahne

Zubereitung wie *Froggy.*

Snowflake
4 cl Galliano
2 cl Cointreau
2 cl Chartreuse Gelb
6 cl Sahne

Zubereitung wie *Froggy.*

Froggy *1984
3 cl Galliano
3 cl Curaçao Blue
3 cl Orangensaft
3 cl Sahne

Die Zutaten mit Eiswürfeln im Shaker gut schütteln und in eine Cocktailschale abseihen.

Golden Dream
3 cl Galliano
3 cl Cointreau
3 cl Orangensaft
3 cl Sahne

Zubereitung wie *Froggy.*

Princess Dream
3 cl Galliano
3 cl Crème de Cacao Weiß
3 cl Ananassaft
3 cl Sahne

Zubereitung wie *Froggy.*

Golden Torpedo
3 cl Galliano
3 cl Amaretto
6 cl Sahne

Zubereitung wie *Froggy.*

Apollo 8
2 cl Galliano
2 cl Tequila
2 cl Curaçao Blue
6 cl Sahne

Zubereitung wie *Froggy.*

Golden Russian
2 cl Galliano
4 cl Wodka
leicht geschlagene Sahne

Galliano und Wodka im Rührglas mit Eiswürfeln gut vermischen und in ein kleines Stielglas oder in einen mit Eiswürfeln gefüllten Tumbler abseihen. Auf den Drink eine Sahnehaube setzen.

Banana Italiano
3 cl Galliano
3 cl Crème de Bananes
4-6 cl Sahne

Zubereitung wie *Froggy*.

Goldfinger
2 cl Galliano
4 cl Wodka
4 cl Ananassaft

Zubereitung wie *Froggy*.

Northern Kiss *1984
4 cl Galliano
2 cl Crème de Menthe Weiß
4 cl Sahne

Zubereitung wie *Froggy*.

Galliano Margerita
4 cl Tequila
2 cl Galliano
2 cl Zitronensaft

Den Rand einer Cocktailschale in einem Zitronenviertel drehen und in eine mit Salz gefüllte Schale tupfen. Das nicht haftende Salz durch leichtes Klopfen entfernen. Die Zutaten mit Eiswürfeln im Shaker kräftig schütteln und in das präparierte Glas abseihen.

Bossa Nova
3 cl Galliano
3 cl Weißer Rum
1 cl Apricot Brandy
8 cl Ananassaft
1 cl Zitronensaft
1/2 Eiweiß

Die Zutaten mit Eiswürfeln im Shaker gut schütteln und in ein zur Hälfte mit Eiswürfeln gefülltes Longdrinkglas abseihen. Mit Früchten garnieren.

Yellow Bird *1983
2 cl Galliano
4 cl Brauner Rum
2 cl Crème de Bananes
4 cl Orangensaft
4 cl Ananassaft

Die Zutaten im Shaker mit Eiswürfeln gut schütteln und in ein Longdrinkglas auf einige Eiswürfel abseihen. Mit einem Stück Ananas und Cocktailkirschen garnieren.

Roman Coffee
4 cl Galliano
1 Tasse heißer Kaffee
1 Teelöffel Zucker
leicht geschlagene Sahne

Den Galliano, Zucker und Kaffee in ein vorgewärmtes Stielglas geben, gut verrühren. Die Sahne als Haube daraufsetzen.

Was Sie noch mit Galliano mixen können:	Seite
ITALIAN FASCINATION	123
MANDARIN	105
TAMPICO	69
REVE D'OR	101
SOUTHERN DREAM	97
SUMMER MINT	127
WOODY WOODPECKER	73

Froggy

Harvey Wallbanger

Golden Russian

Galliano Orange
4 cl Galliano
Orangensaft

Den Galliano in ein Longdrinkglas mit Eiswürfeln geben und mit Orangensaft auffüllen. Mit einer Orangenscheibe garnieren.

Harvey Wallbanger
2 cl Galliano
4 cl Wodka
10 cl Orangensaft

Wodka und Orangensaft in ein mit Eiswürfeln gefülltes Longdrinkglas geben, kurz rühren, den Galliano langsam daraufgießen und nicht mehr rühren. Eine Orangenscheibe an den Glasrand stecken.

Freddy Fudpucker
2 cl Galliano
4 cl Tequila
10 cl Orangensaft

Zubereitung wie *Harvey Wallbanger*.

Amaretto

Der bekannte italienische Mandellikör Amaretto erfreut sich weltweit zunehmender Beliebtheit und hat auch in Deutschland eine große Zahl von Liebhabern gefunden.
Es wird heute eine Vielzahl von Marken angeboten, die ein gemeinsames Merkmal aufweisen: die bittere dezente Süße. Die unterschiedlichen Geschmacksnuancen ergeben sich durch die Art der verwendeten Mandeln und die zusätzlichen Aromastoffe wie mazerierte Mandelschalen, Aprikosenkerne, Bourbon-Vanille oder auch Honig.
Weltweit ist Di Saronno Amaretto Originale die erfolgreichste Marke. Das Originalrezept ist noch heute im Besitz der alteingesessenen lombardischen Familie Reina, die in Saronno seit vielen Generationen den unverwechselbaren Di Saronno Amaretto Originale herstellt.
Ein Extrakt aus feinstem Aprikosenöl bildet die Basis. Damit unterscheidet sich Di Saronno wesentlich von anderen Amaretti. 23 ausgewählte Ingredienzen, das wohlgehütete Geheimnis in Saronno, geben dem bernsteinfarbenen Likör seinen unverwechselbaren süß-bitteren Geschmack.
Amaretto trinkt man pur, on the rocks und zum oder im Kaffee. Er ist ein idealer Geschmacksträger für Mixgetränke aller Art.

Amaretto Sour
5 cl Amaretto
3 cl Zitronensaft
2 cl Orangensaft

Im Shaker mit Eiswürfeln kräftig schütteln und in ein Stielglas abseihen. Mit einer halben Orangenscheibe und einer Cocktailkirsche garnieren.

Amaretto Orange
4 cl Amaretto
Orangensaft

Amaretto in ein Longdrinkglas mit Eiswürfeln geben und mit Orangensaft auffüllen. Mit einer Orangenscheibe garnieren.

Saronno Toddy
4 cl Amaretto
1 cl italienischer Brandy
1 Scheibe Zitrone
3 Gewürznelken
1 Zimtstange

Den Amaretto und den Brandy in eine vorgewärmte Tasse geben und mit heißem Wasser auffüllen. Zitronenscheibe, die Nelken und die Zimtstange dazugeben.

Italian Coffee
4 cl Amaretto
1 Tasse heißer Espresso
leicht geschlagene Sahne

Den Amaretto und den Espresso in ein vorgewärmtes Stielglas geben und eine Sahnehaube daraufsetzen.

Baked Almonds *1983
3 cl Amaretto
3 cl Crème de Cacao Braun
4-6 cl Sahne

Die Zutaten mit Eiswürfeln im Shaker gut schütteln und in eine Cocktailschale abseihen.

Sweet Maria
3 cl Amaretto
3 cl Wodka
4-6 cl Sahne

Zubereitung wie *Baked Almonds.*

Saronno
3 cl Amaretto
3 cl Cognac
4-6 cl Sahne

Zubereitung wie *Baked Almonds.*

Pancho's Punch
4 cl Amaretto
2 cl Tequila
4 cl Zitronensaft
2 cl Grenadine

Zubereitung wie *Baked Almonds.*

Julia
3 cl Amaretto
3 cl Weißer Rum
6 cl Sahne
3 große Erdbeeren

Im Elektromixer gut durchmixen. Die Mischung mit Eiswürfeln im Shaker gut schütteln und in einen großen Sektkelch abseihen. Eine Erdbeere an den Glasrand stecken.

Godmother
2 cl Amaretto
4 cl Wodka

In einem Tumbler mit Eiswürfeln verrühren.

Godfather
2 cl Amaretto
4 cl Whisky

Zubereitung wie *Godmother.*

French Connection
2 cl Amaretto
4 cl Cognac

Zubereitung wie *Godmother.*

Was Sie noch mit Amaretto mixen können:

Pancho's Punch *Julia* *Baked Almonds*

Malibu

Malibu – Tropical Coconut, diese erst 1980 komponierte Spirituose hat einen wahren Siegeszug um die Welt angetreten. Malibu ist eine klare Spirituose, abgeschmeckt mit weißem Caribbean-Rum, niedrig im Alkoholgehalt (24% Vol.), aber kräftig im Geschmack. Sein unverwechselbar fruchtiges Aroma erhält der Malibu vom Saft der Kokosnuß.

Das harmonisch abgestimmte Verhältnis von weißem Caribbean-Rum und der fruchtig-frischen Milde der Kokosnuß machen Malibu zur Basis von vielen Mix-Ideen mit einem gewissen exotischen Flair.
Mit Malibu gelingt es, auf unkomplizierte Art immer neue Getränke zu kreieren, mit denen auch noch nicht so versierte Longdrink-Mixer Partys bereichern können.
Garnierungen mit Ananas-, Zitronen- oder Orangenscheiben und Cocktailkirschen lassen zusätzlichen Spielraum für eigene Kreationen. Beliebte Malibu-Mixzutaten sind Säfte oder Limonaden von Zitrusfrüchten.

Malibu Screwdriver
5 cl Malibu
12 cl Orangensaft

Malibu und Orangensaft in ein mit Eiswürfeln gefülltes Longdrinkglas geben, kurz rühren. Eine Orangenscheibe an den Glasrand stecken.

Coconut Grove
5 cl Malibu
2 cl Curaçao Triple Sec
2 cl Zitronensaft
Sodawasser

Malibu, Curaçao und Zitronensaft mit Eiswürfeln im Shaker gut schütteln und in ein Longdrinkglas auf Eiswürfel abseihen. Mit Sodawasser auffüllen, eine Zitronenscheibe und eine Cocktailkirsche zum Garnieren nehmen.

Malibu Brazil
5 cl Malibu
1 cl Zitronensaft
Maracujanektar

Malibu und Zitronensaft in ein Longdrinkglas auf einige Eiswürfel geben und mit Maracujanektar auffüllen. Mit einer Orangenscheibe garnieren.

Cool Caribbean
4 cl Malibu
2 cl Crème de Bananes
Schweppes Bitter Orange

In ein Longdrinkglas einige Eiswürfel, den Malibu und die Crème de Bananes geben, mit Bitter Orange auffüllen, kurz rühren. Mit einer Orangenscheibe und einer Cocktailkirsche garnieren.

Topolino *1985

2 cl Malibu
2 cl Crème de Bananes
1 Barlöffel feste oder
2 cl flüssige Cream of Coconut
12 cl Ananassaft

Im Elektromixer gut durchmixen. Die Mischung mit Eiswürfeln im Shaker gut schütteln und auf einige Eiswürfel in ein Longdrinkglas abseihen. Einen Spieß mit Bananenstückchen und Cocktailkirschen über den Rand legen.

Gold Coconut

3 cl Malibu
3 cl Cognac
6 cl Orangensaft
einige Tropfen Grenadine

Die Zutaten mit Eiswürfeln im Shaker gut schütteln und in eine Cocktailschale abseihen. Ein Minzeblatt auf den Drink legen.

Malibu Amor

4 cl Malibu
2 cl Amaretto
2 cl Zitronensaft

Zubereitung wie *Gold Coconut.*

Grass Skirt

4 cl Malibu
2 cl Weißer Rum
4 cl Ananassaft
2 cl Zitronensaft

Zubereitung wie *Cold Coconut.*

Malibu Mint

4 cl Malibu
2 cl Crème de Menthe Grün
4-6 cl Sahne

Zubereitung wie *Gold Coconut.*
Einige Schokoladenraspel auf den Drink streuen.

Malibu Banana

4 cl Malibu
2 cl Crème de Bananes
4-6 cl Sahne

Zubereitung wie *Gold Coconut.*

Malibu Sunrise

6 cl Malibu
1 cl Grenadine
10 cl Orangensaft

Malibu und Orangensaft mit Eiswürfeln im Shaker gut schütteln und in ein zur Hälfte mit Eiswürfeln gefülltes Longdrinkglas abseihen. Den Grenadine langsam darübergießen. Vor dem Trinken gut verrühren.

Cocoskiss *1980

4 cl Malibu
2 cl Weißer Rum
1 cl Maracujasirup
6 cl Orangensaft
6 cl Ananassaft

Mit Eiswürfeln im Shaker gut schütteln und in ein Longdrinkglas auf einige Eiswürfel abseihen. Mit einem Ananasstück und einer Cocktailkirsche garnieren.

Malibu Hot Coffee

4 cl Malibu
1 Tasse heißer Kaffee
leicht geschlagene Sahne
Zimt

Malibu und Kaffee in ein vorgewärmtes Stielglas geben, die Sahne als Haube daraufsetzen und mit etwas Zimt bestreuen.

Malibu Hot Chocolate

4 cl Malibu
1 Tasse heiße Schokolade
leicht geschlagene Sahne
Schokoladenraspel

Zubereitung wie *Malibu Hot Coffee.*

Malibu Hot Chocolate

Cocoskiss

Pêcher Mignon

Der Pfirsichlikör Pêcher Mignon ist eine Spirituosen-Spezialität, über die wir nicht in alten Büchern nachschlagen können, obwohl der Pfirsich selbst schon drei Jahrtausende v. Chr. in China angebaut wurde. Erst der „Aperitiverie St. Jehan" war es in unseren Tagen vorbehalten, in langen Versuchen zu entdecken, wie man das hochintensive Pfirsicharoma unverändert auf ein alkoholisches Getränk übertragen kann.

Wenn sonst bei Pfirsich-Spirituosen nicht selten künstliche Aromen eine Rolle spielen, so sind es bei Pêcher Mignon ausschließlich die rein natürlichen Bukett- und Geschmacksstoffe der Frucht, die dauerhaft eingefangen wurden.

Für Pêcher Mignon werden die weißen, aus chinesischen Arten gekreuzten Sorten „Redwing" und „Michelinei" verwendet. Ihre Eigenheiten: Sie sind saftig, schmecken lieblich und aromatisch. Die Pfirsiche für Pêcher Mignon werden in Südfrankreich, im sonnendurchfluteten maritimen Roussillon angebaut und im Juli und August geerntet.

Drei getrennte Verfahren sind erforderlich, um die wertvollen Aromen des Pfirsichs einzufangen.

Ein Teil der Früchte wird vorsichtig in einer Mühle zerkleinert, ohne den Stein zu zerstören. Diese Maische enthält dadurch den „Holzton" des Steines, jedoch nicht das Bittere der Mandelkerne. Sie wird drei Monate, vermischt mit reinem Weingeist, gelagert, der dabei die Aroma- und Geschmacksstoffe annimmt. Das „freiwillig" ablaufende Mazerat enthält somit die flüssigen Bestandteile des Pfirsichs und den Alkohol.

Ein anderer Teil der Pfirsiche wird ohne Steine zerkleinert und sofort – also ohne die bei Obstwässern übliche Vergärung der Früchte – zusammen mit reinem Alkohol angesetzt und anschließend destilliert. Verwendet wird für Pêcher Mignon allein das wertvolle „Herzstück" der Destillation. Für einen Liter des dabei entstehenden hocharomatischen 50%igen Destillats werden 7,5 kg Pfirsiche verwendet.

Von einem weiteren Teil der Pfirsiche wird frischer Saft abgepreßt, der filtriert und achtfach konzentriert wird.

Alle drei Komponenten – Mazerat aus eingelegten Pfirsichen, Pfirsichdestillat und der konzentrierte Pfirsichsaft – werden dann in genau bemessenen Anteilen unter Zusatz von Kristallzucker zur endgültigen Reife gelagert, gefiltert und abgefüllt.

Pêcher Mignon gilt in seiner Heimat Frankreich als „Apéritif léger", und so steht es auch auf der Flasche, die eine vom Liebesgott Amor verfolgte, in einen Pfirsichbaum verwandelte Nymphe zeigt.

Tatsächlich ist der völlig eigenständige Pêcher Mignon mit seinen 18% Vol. Alkohol ein äußerst vielseitiges Getränk, das nicht nur pur – am besten auf Eis – sehr geschätzt wird. Für zahlreiche Mixgetränke kann es als „charaktervolle" Zutat verwendet werden.

Pêcher Royal
2 cl Pêcher Mignon
Champagner oder Sekt

Pêcher Mignon in einen Sektkelch geben und mit Champagner oder Sekt auffüllen.

Peach Blossom

4 cl Pêcher Mignon
1 cl Grenadine
1 cl Zitronensaft
4 cl Sahne
2 cl Weißer Rum

Die Zutaten im Shaker mit Eiswürfeln gut schütteln und in ein Stielglas abseihen.

Southern Peach

3 cl Pêcher Mignon
3 cl Southern Comfort
4-6 cl Sahne
1 Spritzer Angostura

Zubereitung wie *Peach Blossom.*

Peach Sling

4 cl Pêcher Mignon
2 cl Wodka
6 cl Orangensaft
6 cl Ananassaft
1 cl Grenadine

Die Zutaten mit Eiswürfeln im Shaker gut schütteln und in ein zur Hälfte mit Eiswürfeln gefülltes Longdrinkglas abseihen. Mit Pfirsichstücken und Cocktailkirschen garnieren.

Pêcher Cup

5 cl Pêcher Mignon
Champagner oder Sekt
1 weißer Pfirsich

Einen weißen Pfirsich schälen und in kleine Stücke schneiden, die Stücke in ein Sektglas geben, Pêcher Mignon darübergießen und mit Champagner oder Sekt auffüllen.
Mit einem Teelöffel für die Pfirsichstückchen servieren.

Peach Velvet

3 cl Pêcher Mignon
1 cl Grenadine
3 cl Orangensaft
Champagner oder Sekt

Pêcher Mignon, Grenadine und Orangensaft im Shaker mit Eiswürfeln gut schütteln, in einen großen Sektkelch abseihen und mit Champagner oder Sekt auffüllen.

Pêcher Orange

4-6 cl Pêcher Mignon
Orangensaft

Pêcher Mignon und Orangensaft in ein mit Eiswürfeln gefülltes Longdrinkglas geben, kurz rühren und mit einer Orangenscheibe garnieren.

Pêcher Cup

Peach Velvet

Pêcher Soda

5 cl Pêcher Mignon
Sodawasser

Pêcher Mignon in ein mit Eiswürfeln gefülltes Longdrinkglas geben und mit Sodawasser auffüllen. Eine spiralenförmig geschnittene Zitronenschale dazugeben.

Pêcher Tonic

5 cl Pêcher Mignon
Tonic Water

Zubereitung wie *Pêcher Soda.*

Pêcher Bellini

4 cl Pêcher Mignon
1 weißer Pfirsich
einige Tropfen Zitronensaft

Den Pfirsich schälen und in Stücke schneiden, mit Pêcher Mignon und Zitronensaft im Elektromixer pürieren. Das Püree in eine große Schale füllen und langsam mit Champagner oder Sekt auffüllen.

Pêcher Daiquiri

6 cl Pêcher Mignon
1 cl Weißer Rum
1 weißer Pfirsich
einige Tropfen Zitronensaft
einige Tropfen Zuckersirup

Den Pfirisch schälen, in Stücke schneiden und mit den anderen Zutaten im Elektromixer gut durchmixen. Die Mischung im Shaker mit Eiswürfeln gut schütteln und in einen großen Kelch abseihen.

Pêcher Sour

6 cl Pêcher Mignon
2 cl Zitronensaft

Pêcher Mignon und Zitronensaft im Shaker mit Eiswürfeln gut schütteln und in ein Stielglas abseihen. Mit einer halben Orangenscheibe und einer Cocktailkirsche garnieren.

Marie Brizard – Likörklassiker

Als Gründungsdatum der weltbekannten Likörfirma Marie Brizard et Roger in Bordeaux gilt das Jahr 1755. Den Grundstein des Erfolgs legte die in der Krankenpflege tätige Marie Brizard mit ihrer Anisette-Rezeptur. Diese erhielt sie von einem Matrosen als Dank für ihre Pflege. Die große Nachfrage bewog Marie Brizard, den Erfolg zu kommerzialisieren und eine Firma zu gründen. Unterstützt wurde sie dabei von ihrem Neffen Jean-Baptist Roger. Seit nunmehr acht Generationen wird der Anisette unverändert hergestellt und ist nach wie vor die Hauptmarke der Firma und eine der größten Likörmarken Frankreichs (siehe Anisgetränke S. 32/33).

Im Laufe der Jahre wurden von Marie Brizard viele neue Liköre erfunden. Diese und die Qualität der Produkte ließen die Firma zu einem der bedeutendsten Hersteller hochwertiger Liköre werden.
Der Stammsitz des Hauses ist immer noch Bordeaux, es wird aber auch in Marseille, San Sebastian und Madrid produziert. Marie Brizard bezieht aus vielen Ländern der Erde Grundstoffe für die zahlreichen Liköre. Da viele der verwendeten Früchte nicht über große Entfernungen transportiert werden können, erfolgt zum Teil eine erste Verarbeitung gleich im Ursprungsland. Marie Brizard stellt ca. 40 Millionen Flaschen jährlich her und ist international in über 120 Ländern vertreten. In Deutschland wird ein Großteil des Marie Brizard-Sortiments angeboten. Darunter befinden sich die klassischen Mixliköre Curaçao Blue, Crème de Banane, Crème de Cacao Brown und White (alle 25% Vol.), „Apry"-Apricot mit 30% Vol., Mandarine mit 25% Vol., die Beerenliköre Crème de Cassis (Johannisbeere), Crème de Framboise (Himbeere) mit 20% Vol. und Crème de Mure (Brombeere) mit 16% Vol. sowie der aus den Schalen westindischer Bitterorangen hergestellte Curaçao Triple Sec mit 39% Vol. Eine herausragende Stellung unter den Curaçao-Likören nimmt der auf Cognac-Basis hergestellte Orangero (38% Vol.) ein.
Weitere Mixspezialitäten von Marie Brizard finden sich bei den Stichworten Pfefferminzlikör, S. 126, Kirschlikör, S. 124, bei Sirup, S. 136, und bei den Marie Brizard-Likörspezialitäten auf Seite 120/121.

Moulin Rouge
2 cl Apricot Brandy
2 cl Gin
2 cl Zitronensaft
1 cl Grenadine
Sekt

Die Zutaten – ohne Sekt – mit Eiswürfeln im Shaker gut durchschütteln, in einen hohen Sektkelch abseihen und mit kaltem Sekt auffüllen.

Adria Look
2 cl Curaçao Blue
2 cl Gin
2 cl Zitronensaft
Champagner oder Sekt

Curaçao Blue, Gin und Zitronensaft im Shaker mit Eiswürfeln gut schütteln und in einen Kelch abseihen. Mit Champagner oder Sekt aufgießen. Zum Garnieren ein Stück Aprikose und Cocktailkirschen an den Glasrand stecken.

Apricot Fizz
5 cl Apricot Brandy
3 cl Zitronensaft
1 cl Zuckersirup
Sodawasser

Die Zutaten – ohne Sodawasser – im Shaker mit Eiswürfeln lange und kräftig schütteln, in ein Longdrinkglas abseihen und mit Sodawasser auffüllen.

Blue Angel
2 cl Curaçao Blue
Champagner oder Sekt

Den Curaçao Blue auf zwei Eiswürfel in einem Sektkelch geben, mit Champagner oder Sekt auffüllen.

Adria Look

Green Almond

Silver Moon
3 cl Apricot Brandy
3 cl Gin
3-5 cl Orangensaft

Im Shaker mit Eiswürfeln gut schütteln und in ein Stielglas abseihen. Mit einer Orangenscheibe und Cocktailkirschen garnieren.

Apricot Sour
4 cl Apricot Brandy
2 cl Zitronensaft
4 cl Orangensaft

Zubereitung wie *Silver Moon*.

Green Almond *1986
4 cl Curaçao Blue
2 cl Amaretto
8 cl Orangensaft
8 cl Ananassaft

Mit Eiswürfeln im Shaker schütteln und auf einige Eiswürfel im Longdrinkglas abseihen. Mit einem Stück Ananas, Cocktailkirschen und einem Minzezweig garnieren.

Marie Brizard – Likörklassiker

Chiquita Punch
5 cl Crème de Bananes
5 cl Orangensaft
5 cl Sahne
2 cl Grenadine

Mit Eiswürfeln im Shaker gut schütteln und auf einige Eiswürfel in ein Old-Fashioned-Glas abseihen. Mit einer Orangenscheibe und einer Cocktailkirsche garnieren.

Méditeranée
2 cl Curaçao Blue
2 cl Gin
Bitter Lemon

Curaçao Blue und Gin auf einige Eiswürfel in ein Longdrinkglas geben, mit Bitter Lemon auffüllen, leicht umrühren und mit einer Orangenscheibe garnieren.

Silver Jubilee
4 cl Crème de Bananes
2 cl Gin
4 cl Sahne

Die Zutaten mit Eiswürfeln im Shaker gut schütteln und in eine Cocktailschale abseihen.

Banana Bliss
3 cl Crème de Bananes
3 cl Weißer Rum
2 cl Orangensaft
4 cl Sahne
1 Spritzer Angostura

Zubereitung wie *Silver Jubilee*.
Mit Bananenstückchen und Cocktailkirschen garnieren.

Banshee
3 cl Crème de Bananes
3 cl Crème de Cacao Weiß
4-6 cl Sahne

Zubereitung wie *Silver Jubilee*.
Mit Bananenstückchen und Cocktailkirschen garnieren.

After Dinner
3 cl Curaçao Triple Sec
3 cl Apricot Brandy
3 cl Zitronensaft

Zubereitung wie *Silver Jubilee*.

Sweet Dreams
3 cl Apricot Brandy
3 cl Weißer Rum
3 cl Ananassaft
3 cl Sahne

Zubereitung wie *Silver Jubilee*.

Sweet Girl
3 cl Apricot Brandy
3 cl Gin
3-5 cl Sahne

Zubereitung wie *Silver Jubilee*.

Caribbean Sunset
2 cl Crème de Bananes
2 cl Curaçao Blue
2 cl Gin
2 cl Zitronensaft
2 cl Sahne
1 cl Grenadine

Zubereitung wie *Silver Jubilee*.

Venetian Coffee
2 cl Crème de Cacao Braun
2 cl italienischer Brandy
1 Teelöffel Zucker
1 Tasse heißer Kaffee
leicht geschlagene Sahne

Crème de Cacao, Brandy, Zucker und Kaffee in ein vorgewärmtes Stielglas geben und gut verrühren. Die Sahne als Haube daraufsetzen.

Bananen Flip
3 cl Crème de Bananes
2 cl Gin
1 cl Zuckersirup
2 cl Sahne
1 Eigelb

Im Shaker mit Eiswürfeln kurz und kräftig schütteln, in ein Flipglas oder einen Sektkelch abseihen, etwas Muskat auf den Drink streuen.

Orangen Flip

Chqiuta Punch

Orangen Flip
3 cl Curaçao Triple Sec
2 cl Gin
4 cl Orangensaft
1 cl Zuckersirup
2 cl Sahne
1 Eigelb

Zubereitung wie *Bananen Flip.*

Zitronen Flip
3 cl Curaçao Triple Sec
2 cl Gin
2 cl Zitronensaft
1 cl Zuckersirup
2 cl Sahne
1 Eigelb

Zubereitung wie *Bananen Flip.*

Butterfly Flip
3 cl Crème de Cacao Braun
2 cl Cognac
1 cl Zuckersirup
2 cl Sahne
1 Eigelb

Zubereitung wie *Bananen Flip.*

Was Sie noch mit Marie-Brizard-Likören mixen können:

Marie Brizard – Likörspezialitäten

Die Palette der Marie Brizard-Likörklassiker (S. 116/117) wird ergänzt durch die Likörspezialitäten des Hauses. Die auffallendste ist sicher Charleston Follies. Dieser leichte, bukettreiche und fruchtige Likör erhält einen Teil seines exotischen Aromas von Mangos, Passionsfrüchten, Ananas und Guaven. Die mehrfach ausgezeichnete originelle Shakerflasche aus metallischem Glas stellt eine einzigartige Novität dar. Charleston Follies weist 21% Vol. auf und ist eine hervorragende Basis beim Mixen von Cocktails und Longdrinks.

Weitere Spezialitäten sind Poire William (Birnenlikör aus der Williams-Christ-Birne) mit 30% Vol., Fraise des Bois (Walderdbeerlikör) mit 18% Vol., Peach (Pfirsichlikör) mit 30% Vol. und Chocolat mit 20% Vol.

Für letzteren waren fünf Jahre Entwicklungsarbeit notwendig, um den Geschmack und die Dickflüssigkeit zu erreichen. Mit den hocharomatischen Likören Poire William und Peach sowie dem leuchtend-roten Fraise des Bois sollte man beim Mixen der Kreativität ruhig einmal freien Lauf lassen. Sie harmonieren mit vielen Spirituosen und verbinden sich hervorragend mit Sahne, Säften und Limonaden.

Mit Chocolat lassen sich in Verbindung mit Spirituosen, Sahne oder Säften interessante After-Dinner-Drinks mixen. Alle Liköre trinkt man jedoch auch leicht gekühlt pur oder gibt sie über Eiswürfel.

Peach, Fraise des Bois, Poire William und Charleston Follies eignen sich bestens für schnell zubereitete Longdrinks durch Auffüllen mit Mineralwasser, Sekt, Limonaden oder Fruchtsäften.

Red Finnish
3 cl Fraise des Bois
2 cl Wodka
1 cl Zitronensaft
4 cl Orangensaft

Die Zutaten im Shaker mit Eiswürfeln kräftig schütteln und in eine Cocktailschale abseihen. Mit einer Zitronenscheibe garnieren.

Little Red Riding Hood
2 cl Fraise des Bois
2 cl Crème de Mure
2 cl Gin
4 cl Orangensaft

Zubereitung wie *Red Finnish*. Mit einer Orangenscheibe garnieren.

Chociver
1 cl Zitronensaft
2 cl Liqueur Chocolat
3 cl Ananassaft
4 cl Weißer Rum

Die Zutaten im Shaker mit Eiswürfeln kräftig schütteln und in ein Old-Fashioned-Glas auf einige Eiswürfel abseihen. Mit einem Ananasstück garnieren.

Smiling Ivy
1 Eiweiß
1 cl Zitronensaft
3 cl Ananassaft
3 cl Liqueur de Pêche
3 cl Weißer Rum

Die Zutaten im Shaker mit Eiswürfeln kräftig schütteln und in eine Cocktailschale abseihen. Einen Fruchtspieß mit Pfirsich- und Ananasstücken über den Glasrand legen.

Red Night
3 cl Poire William Liqueur
4 cl Crème de Mure
3 cl Zitronensaft

Zubereitung wie Smiling Ivy. Mit einer Orangenscheibe und einer Cocktailkirsche garnieren.

Royal Wild Strawberry
2-3 cl Fraise des Bois
10 cl Sekt

Den Fraise des Bois in ein hohes Stielglas geben und mit kaltem Sekt auffüllen.

Red Finnish *Hawaii Follies* *Sweety*

Uncle Sam
2 cl Liqueur Chocolat
3 cl Weißer Rum
1 Barlöffel Kokossirup
4 cl Bananennektar

Zubereitung wie *Chociver*. Mit einer Orangenscheibe und einer Cocktailkirsche garnieren.

Sweety
2 cl Liqueur Chocolat
3 cl Cognac
5 cl Orangensaft

Die Zutaten im Shaker mit Eiswürfeln kräftig schütteln und in ein Stielglas abseihen. Einige Cocktailkirschen in das Glas geben.

Crazy Follies
4 cl Charleston Follies
2 cl Gin
4 cl Grapefruitsaft

Die Zutaten im Shaker mit Eiswürfeln kräftig schütteln und in eine Cocktailschale abseihen. Mit einem Grapefruitstück und einer Cocktailkirsche garnieren.

Hawaii Follies
6 cl Charleston Follies
2 cl Kokossirup
4 cl Ananassaft
8 cl Grapefruitsaft

Die Zutaten im Shaker mit Eiswürfeln kräftig schütteln und in ein Longdrinkglas auf einige Eiswürfel abseihen. Mit einem Ananasstück und einer Cocktailkirsche garnieren. Trinkhalm dazugeben.

Golden Follies
3 cl Charleston Follies
3 cl Cognac
4 cl Orangensaft

Die Zutaten im Shaker mit Eiswürfeln kräftig schütteln und in eine Cocktailschale abseihen. Eine Orangenscheibe in den Drink geben.

Kaffeelikör

Ausgangsstoff für Kaffeelikör sind die Kaffeebohnen, die in den rotfleischigen Früchten des Kaffeestrauches wachsen. Kaffee wird heute hauptsächlich in Südamerika angebaut, seine Heimat aber ist Afrika, und zwar das heutige Äthiopien.
Über Mekka, das religiöse Zentrum des Islam, gelangte er in den Orient und schließlich im 17. Jahrhundert auch nach Europa. Überall wurden Kaffeehäuser eröffnet. Das Geschäft mit dem Kaffee florierte so gut, daß die Nachfrage bald nicht mehr gedeckt werden konnte und man sich auf die Suche nach neuen Anbaugebieten begab. Auf diese Weise gelangte der Kaffeestrauch auch nach Südamerika, dessen Gebirgsklima sich hervorragend für den Anbau eignet.
Mit der Verbreitung des Kaffees in Südamerika entwickelten sich neue Variationen des Kaffeegenusses. In diese Zeit fällt die Entstehung vieler Kaffeelikör-Rezepte.
Für die Likörherstellung wird frisch gerösteter und anschließend gemahlener Kaffee verwendet, der perkoliert, d. h. ständig mit Alkohol übergossen wird, um die Extrakt-, Aroma- und Farbstoffe herauszuziehen. Das gewonnene Perkolat wird mit Gewürzen wie Muskat, Zimt oder Vanille sowie mit Zucker angereichert.
Weltbekannt ist der mexikanische Kahlúa. Er wird nach einem überliefertem Geheimrezept unter dem Patronat der Kahlúa S. A., Mexiko City unter Zusatz von Kräutern und Vanille aus erlesenen Kaffeesorten hergestellt.
Kahlúa – Licor de Café weist 26,5% Vol. auf und eignet sich mit seinem unnachahmlichen kräftig-süßem Kaffeegeschmack hervorragend zum Mixen.
Ein weiterer international bekannter Kaffeelikör ist Tia Maria. Er hat seinen Ursprung auf der Karibik-Insel Jamaica und wird ebenfalls mit 26,5% Vol. angeboten. Kaffeeliköre werden pur oder on the rocks getrunken und sind eine beliebte Beigabe zum Kaffee.
Weltbekannte Drinks wie Black Russian erfordern Kaffeelikör im Bestand einer Bar. Sie lieben die Verbindung mit Spirituosen, Säften oder Sahne und vertragen sich auch mit anderen Likören. Cocktails und Mixgetränken verleihen Kaffeeliköre eine aparte, süße Geschmacksnote.

Kahlúa Colada
4 cl Kahlúa
2 cl Weißer Rum
1-2 cl Kokossirup
2 cl Sahne
10 cl Ananassaft

Die Zutaten mit Eiswürfeln im Shaker gut schütteln und in ein zur Hälfte mit Eiswürfeln gefülltes großes Longdrinkglas abseihen. Mit einem Ananasstück und einer Cocktailkirsche garnieren.

Seven Twenty-Seven
2 cl Kahlúa
2 cl Wodka
2 cl Grand Marnier
2 cl Bailey's Irish Cream

Alle Zutaten in einen Tumbler mit Eiswürfeln gut verrühren.

Caribbean Coffee
4 cl Tia Maria/Kahlúa
1 Tasse heißer Kaffee
leicht geschlagene Sahne

Tia Maria/Kahlúa und den Kaffee in ein vorgewärmtes Stielglas geben, kurz rühren und die Sahne als Haube daraufsetzen.

Sombrero
4 cl Kahlúa
leicht geschlagene Sahne

Kahlúa in ein kleines Stielglas geben, die Sahne als Haube daraufsetzen.

Black Russian
2 cl Kahlúa
4 cl Wodka
oder
3 cl Kahlúa
3 cl Wodka

Kahlúa und Wodka im Rührglas mit Eiswürfeln gut vermischen und in ein kleines Stielglas oder in einen mit Eiswürfeln gefüllten Tumbler abseihen.

White Russian
2 cl Kahlúa
4 cl Wodka
oder
3 cl Kahlúa
3 cl Wodka
leicht geschlagene Sahne

Kahlúa und Wodka im Rührglas mit Eiswürfeln gut vermischen und in ein kleines Stielglas abseihen. Die Sahne als Haube daraufsetzen.

Kahlúa Alexander
4 cl Kahlúa
2 cl Cognac
4-6 cl Sahne

Die Zutaten mit Eiswürfeln im Shaker gut schütteln und in eine Cocktailschale abseihen.

Jamaican Hop
3 cl Tia Maria
3 cl Crème de Cacao Weiß
6 cl Sahne

Zubereitung wie *Kahlúa Alexander.*

Rum Alexander
4 cl Kaffeelikör
2 cl Brauner Rum
4-6 cl Sahne

Zubereitung wie *Kahlúa Alexander.*

Italian Fascination
3 cl Kaffeelikör
2 cl Galliano
1 cl Curaçao Triple Sec
6 cl Sahne

Zubereitung wie *Kahlúa Alexander.*

Brunette
3 cl Kaffeelikör
3 cl Bourbon Whiskey
6 cl Sahne

Zubereitung wie *Kahlúa Alexander.*

Coffee Grand
3 cl Kaffeelikör
3 cl Grand Marnier
6 cl Orangensaft

Zubereitung wie *Kahlúa Alexander.*

Jamaica Coffee
2 cl Tia Maria
3 cl Jamaica Rum
1 Tasse heißer Kaffee
1-2 Teelöffel brauner Zucker
leicht geschlagene Sahne

Tia Maria, Rum, Kaffee und Zucker in ein vorgewärmtes Stielglas geben und gut verrühren. Die Sahne als Haube daraufsetzen.

Lumumba
2 cl Kaffeelikör
2 cl spanischer Brandy
kalte Trinkschokolade

In ein Longdrinkglas einige Eiswürfel geben, Kaffeelikör und Brandy darübergießen und mit der kalten Trinkschokolade auffüllen. Gut umrühren.

Was Sie noch mit Kaffeelikör mixen können:

Jamaican Hop

White Russian

Kirschlikör/Cherry Brandy

Kirschlikör ist unter der Vielzahl der angebotenen Liköre ein Spitzenreiter. Er wird in vielen Ländern Europas hergestellt, vorwiegend in Ländern mit intensivem Obstanbau wie Italien, Frankreich, Dänemark, in den Niederlanden und in Deutschland.

Man unterscheidet zwischen Kirschlikör und Cherry Brandy. Kirschliköre sind Fruchtsaftliköre mit einem ausgeprägten Kirschsaftgeschmack. Cherry Brandy weist einen Anteil von mindestens 2% Kirschwasser auf. Bei beiden ist eine Färbung verboten, Cherry Brandy wird in der Regel mit einem höheren Alkoholgehalt als Kirschlikör angeboten. Bekannte Produkte sind der Cherry Marnier des weltbekannten Herstellers von Grand Marnier (siehe Seite 100/101).

Dieser besonders aromatische Cherry Liqueur (24% Vol.) ist ebenso beliebt wie berühmt für seinen exklusiven, leicht mandeligen Geschmack. Internationale Anerkennung und Verbreitung genießt auch der Cherry Liqueur (24% Vol.) der renommierten Likörfirma Marie Brizard in Bordeaux (siehe Seite 116-121). Dritter im Bunde der großen Marken ist der dänische Cherry Heering (25% Vol.). Er wird nach einem über 150jährigen Rezept von der Peter F. Heering A. S. in Kopenhagen hergestellt. Zu den bekannten deutschen Marken zählt der von der Weinbrennerei Jacobi hergestellte 20%ige Jacobiner Jubiläumskirsch.

Kirschlikör und Cherry Brandy trinkt man leicht gekühlt, oder on the rocks. Viele internationale Mix-Drinks verdanken den Kirschlikören ihre angenehme aromatische Süße.

Cherry Rum
3 cl Cherry Brandy/Kirschlikör
3 cl Weißer Rum
4-6 cl Sahne

Die Zutaten im Shaker mit Eiswürfeln gut schütteln und in eine Cocktailschale abseihen.

Purple Bunny
3 cl Cherry Brandy/Kirschlikör
3 cl Crème de Cacao Weiß
6 cl Sahne

Zubereitung wie *Cherry Rum.*

Cherry Banana
4 cl Cherry Brandy/Kirschlikör
2 cl Crème de Bananes
4-6 cl Sahne

Zubereitung wie *Cherry Rum.* Mit Bananenstückchen und Cocktailkirschen garnieren.

Cherry Blossom
2 cl Kirschlikör/Cherry Brandy
2 cl Cognac
1 cl Cointreau
1 cl Grenadine
2 cl Zitronensaft

Zubereitung wie *Cherry Rum.*

Cherry Colada
2 cl Cherry Marnier
2 cl Weißer Rum
2 Barlöffel feste oder
4 cl flüssige Cream of Coconut
8 cl Pfirsichsaft

Die Zutaten im Elektromixer gut durchmixen und in ein Longdrinkglas auf einige Eiswürfel gießen.
Mit einem Fruchtspieß garnieren.

Cherry Rum Fizz
2 cl Cherry Brandy/Kirschlikör
4 cl Weißer Rum
3 cl Zitronensaft
1 cl Zuckersirup
Sodawasser

Die Zutaten – ohne Sodawasser – im Shaker mit Eiswürfeln lange und kräftig schütteln, in ein kleines Longdrinkglas abseihen und mit etwas Sodawasser auffüllen. Mit einer Zitronenscheibe und einer Cocktailkirsche garnieren.

Cherry Sour
4 cl Cherry Brandy/Kirschlikör
3 cl Zitronensaft
2 cl Orangensaft
1 cl Zuckersirup

Im Shaker mit Eiswürfeln kräftig schütteln und in ein Stielglas abseihen. Mit einer halben Orangenscheibe und einer Cocktailkirsche garnieren.

Red Russian
2 cl Kirschlikör/Cherry Brandy
4 cl Wodka
oder
3 cl Kirschlikör/Cherry Brandy
3 cl Wodka

Mit Eiswürfeln im Rührglas gut vermischen und in ein Cocktailglas oder einen mit Eiswürfeln gefüllten Tumbler abseihen.

Cherry Rum Cola
2 cl Cherry Brandy/Kirschlikör
4 cl Brauner Rum
1 Barlöffel Zitronensaft
Cola

In ein Longdrinkglas auf Eiswürfel Cherry Brandy oder Kirschlikör, Rum und Zitronensaft geben, mit Cola auffüllen und kurz umrühren.

Brigitte
2 cl Cherry Brandy/Kirschlikör
2 cl Wodka
1 cl Zitronensaft
Seven-up oder Sprite

Zubereitung wie *Cherry Rum Cola.*

Cherry Flip
4 cl Cherry Brandy/Kirschlikör
1 cl Gin
2 cl Sahne
1 Eigelb

Die Zutaten mit Eiswürfeln im Shaker kurz und kräftig schütteln, in ein Flipglas oder einen Sektkelch abseihen und mit Muskat bestreuen.

Cherry Blossom
Cherry Banana

Was Sie noch mit Kirschlikör/ Cherry Brandy mixen können:

Pfefferminzlikör

Der meist 30prozentige Pfefferminzlikör ist wasserhell und klar, in der Regel jedoch grün gefärbt erhältlich. Dieser Gewürzlikör mit seinem intensiven Pfefferminzgeschmack wird aus Alkohol und durch Destillation gewonnenem Pfefferminzöl hergestellt.
Der Zusatz „Crème de Menthe" besagt, daß er einen höheren Zuckergehalt aufweist und somit süßer ist.
Die Liebhaber des herb-frischen Pfefferminzlikörs trinken ihn on the rocks. Zum Mixen ist er noch nicht so beliebt wie z. B. in den USA, doch lassen sich viele unserem Geschmack entsprechende Cocktails damit herstellen.

Caruso

Jungle Grasshopper *1985
4 cl Crème de Menthe Grün
12 cl Ananassaft
2 Barlöffel feste oder
4 cl flüssige Cream of Coconut

Im Elektromixer gut durchmixen und in ein mit Eiswürfeln gefülltes Longdrinkglas gießen. Mit einem Minzezweig garnieren.

Green Dragon
3 cl Crème de Menthe Grün
3 cl Wodka

In einen mit Eiswürfeln gefüllten Tumbler geben und kurz umrühren.

Caruso
2 cl Crème de Menthe Grün
2 cl Gin
2 cl Vermouth Dry

Mit Eiswürfeln im Rührglas gut rühren und in ein gekühltes Cocktailglas abseihen.

Stinger
4 cl Cognac/Brandy
2 cl Crème de Menthe Weiß

Zubereitung wie *Caruso.*

Midnight Express
1 cl Crème de Menthe Grün
2 cl Chocolat Liqueur
3 cl Cognac
4-6 cl Sahne

Die Zutaten mit Eiswürfeln im Shaker gut schütteln und in eine Cocktailschale abseihen. Ein Minzeblatt auf den Drink legen.

Summer Mint
2 cl Crème de Menthe Grün
2 cl Galliano
2 cl Cointreau
4 cl Ananassaft
4 cl Zitronensaft
4 cl Grapefruitsaft

Die Zutaten mit Eiswürfeln im Shaker gut schütteln und in ein zur Hälfte mit Eiswürfeln gefülltes Longdrinkglas abseihen. Mit Zitronenscheibe, Cocktailkirsche und Minzezweig garnieren.

After Eight
2 cl Crème de Menthe Grün
2 cl Crème de Cacao Braun
1 Tasse heißer Kaffee
leicht geschlagene Sahne

Die Liköre und den Kaffee in ein vorgewärmtes Stielglas geben, umrühren und die Sahne als Haube daraufsetzen.

Menthe Frappé
5 cl Crème de Menthe Grün

Ein Whiskyglas mit gestoßenem Eis füllen und den Likör darübergießen. Zwei kurze Trinkhalme dazugeben.

Green Jade
2 cl Crème de Menthe Grün
3 cl Gin
6 cl Sahne
1/2 Eiweiß

Zubereitung wie *Grasshopper.*
Mit einer grünen Cocktailkirsche und einem Minzezweig garnieren.

Alexander's Sister
3 cl Crème de Menthe Grün
3 cl Gin
4-6 cl Sahne

Zubereitung wie *Grasshopper.*

Green Hat
2 cl Crème de Menthe Grün
2 cl Gin
Sodawasser

Likör und Gin auf einige Eiswürfel in ein Longdrinkglas geben und mit Sodawasser auffüllen, leicht umrühren.

Grasshopper
3 cl Crème de Menthe Grün
3 cl Crème de Cacao Weiß
4-6 cl Sahne

Die Zutaten mit Eiswürfeln im Shaker gut schütteln und in eine Cocktailschale abseihen. Ein Minzeblatt auf den Drink legen.

Coffee Grasshopper
3 cl Crème de Menthe Weiß
3 cl Kaffeelikör
4-6 cl Sahne

Zubereitung wie *Grasshopper.*

Irish Dream
2 cl Crème de Menthe Grün
2 cl Crème de Cacao Weiß
2 cl Galliano
6 cl Sahne

Zubereitung wie *Grasshopper.*

Morning Delight
3 cl Crème de Menthe Grün
3 cl Wodka
6 cl Ananassaft

Zubereitung wie *Grasshopper.* Mit einem Minzezweig garnieren.

White Banana
3 cl Crème de Menthe Weiß
3 cl Crème de Bananes
6 cl Sahne

Zubereitung wie *Grasshopper.*

Grasshopper

Menthe Frappé

Was Sie noch mit Pfefferminzlikör mixen können:

Batida de Coco

Batidas sind die Nationalgetränke Brasiliens. Sie werden auf verschiedene Weise zubereitet und in unzähligen Varianten angeboten. Die wichtigste Zutat ist das brasilianische Zuckerrohr-Destillat Cachaca, das mit Früchten wie Limonen, Maracuja, Ananas, Erdbeeren, Orangen, Kokosnuß etc. und Zucker gemischt wird.

In Deutschland wird *Batida de Coco* als Fertigprodukt angeboten. Er wird auf der Basis von Kokosnuß und Milch mit einem Alkoholgehalt von 16% Vol. hergestellt und schmeckt gut gekühlt oder auf Eis am besten. Zum Mixen von erfrischenden Cocktails mit Kokosgeschmack und wenig Alkohol ist *Batida de Coco* hervorragend geeignet.

Batida Orange
6 cl Batida de Coco
Orangensaft

Batida de Coco in ein mit Eiswürfeln gefülltes Longdrinkglas geben und mit Orangensaft auffüllen.

Batida Ananas
6 cl Batida de Coco
Ananassaft

Zubereitung wie *Batida Orange*.

Cococabana
4 cl Batida de Coco
2 cl Weißer Rum
8 cl Ananassaft

Die Zutaten im Shaker mit Eiswürfeln gut schütteln und in ein mit Eiswürfeln gefülltes Longdrinkglas abseihen. Mit einem Stückchen Ananas und einer Cocktailkirsche servieren.

Batida Cherie
4 cl Batida de Coco
4 cl Sauerkirschnektar
Sekt

In eine Sektschale zwei Eiswürfel, Batida de Coco und den Sauerkirschnektar geben, mit Sekt auffüllen.

Brasilian Fever
4 cl Batida de Coco
2 cl Weißer Rum
8 cl Bananennektar

In ein Longdrinkglas auf einige Eiswürfel geben und gut rühren. Einen Spieß mit Bananenstückchen und Cocktailkirschen über den Glasrand legen. Mit einem Minzezweig und zwei Trinkhalmen die Garnitur vervollständigen.

Night in Blue
4 cl Batida de Coco
2 cl Curaçao Blue
8 cl Ananassaft

Im Shaker mit Eiswürfeln gut schütteln, in ein Longdrinkglas auf einige Eiswürfel abseihen oder gleich im Glas mit Eiswürfeln anrichten und umrühren. Mit einem Ananasstück, Ananasblättern und einer Cocktailkirsche garnieren.

Brasil Tropical
4 cl Batida de Coco
8 cl Grapefruitsaft
2 cl Erdbeersirup

Zubereitung wie *Night in Blue.*
Einen Spieß mit Ananasstückchen und Cocktailkirschen über den Glasrand legen.

Batida Sunrise
4 cl Batida de Coco
8 cl Ananassaft
2 cl Kirschlikör

Ein Longdrinkglas mit gestoßenem Eis füllen, Batida de Coco und Ananassaft darübergießen und gut rühren, den Kirschlikör darübergeben. Mit Trinkhalm servieren.

Golden Copacabana
4 cl Batida de Coco
2 cl Wodka
8 cl Maracujasaft

Den Rand eines Longdrinkglases in einem Zitronenviertel drehen und in eine mit rotem Zucker gefüllte Schale tupfen. Einige Eiswürfel in das Glas geben. Die Zutaten mit Eiswürfeln im Shaker gut schütteln und in das vorbereitete Glas abseihen.

Red and White
6 cl Batida de Coco
4 cl Orangensaft
3 mittelgroße Erdbeeren

Den Rand einer Cocktailschale in einem Zitronenviertel drehen und in eine mit Kokosraspel gefüllte Schale tupfen. Die Zutaten im Elektromixer gut durchmixen und in das vorbereitete Glas gießen. Eine Erdbeere an den Glasrand stecken.

Pink Flamingo
4 cl Batida de Coco
1 cl Amaretto
4 cl Sauerkirschsaft

Im Shaker mit Eiswürfeln schütteln und in ein Old-Fashioned-Glas auf einige Eiswürfel abseihen oder direkt ins Glas über einige Eiswürfel gießen und rühren. Eine Orangenscheibe auf den Glasrand stecken und einige frische Kirschen an den Glasrand hängen.

Coconut Flip
4 cl Batida de Coco
2 cl Curaçao Blue
4 cl Grapefruitsaft
2 cl Sahne
1 Eigelb

Die Zutaten im Shaker mit Eiswürfeln kurz und kräftig schütteln, in ein Stielglas abseihen und mit etwas Muskat bestreuen.

Cococabana

Red and White

Pimm's No.1 Cup

Pimm's No.1 Cup, die Cocktail-Komposition auf Gin-Basis, wurde um 1850 von Mr. Pimm in London erfunden. Da diese neuartige Mischung in Mr. Pimm's „Oyster Bar" großen Erfolg hatte, wurde etwa 1870 entschieden, Pimm's No.1 Cup auch auf Flaschen abzufüllen und im großen Rahmen zu verkaufen. Damit begann der Siegeszug von Pimm's um die ganze Welt.

Einige Jahre versuchte man, weitere Geschmacksrichtungen mit anderen alkoholischen Grundlagen unter den Bezeichnungen Pimm's No.2 bis No.6 zu verkaufen, damit war dem Hause Pimm's aber kein Erfolg beschieden. Man verlegte alle Aktivitäten wieder ausschließlich auf Pimm's No.1.

Die Rezeptur für Pimm's No.1 ist ein sorgfältig gehütetes Geheimnis der Hersteller, das nur wenigen Mitarbeitern bekannt ist.

Mit Pimm's No.1 lassen sich in Sekundenschnelle erfrischende Longdrinks in mehreren Geschmacksrichtungen mischen. Dazu gibt man in einen Pimm's Cup oder ein Longdrinkglas einige Eiswürfel, 4 cl Pimm's No.1 und füllt auf mit Sprite, Seven-up oder einer beliebigen klaren Zitronenlimonade. Gerne wird auch Ginger Ale, Tonic Water oder Bitter Lemon verwendet. In den aufgefüllten Pimm's Cup gibt man je eine halbe Orangen- und Zitronenscheibe, einige Cocktailkirschen und eine Gurkenschale. Wenn vorhanden, gibt man einen Minzezweig dazu.

Sehr beliebt ist der „Royal Pimm's", dazu nimmt man anstelle von Limonade trockenen Sekt oder Champagner.

Vroom

Pimm's Blossom
3 cl Pimm's
2 cl Gin
4 cl Orangensaft
1 cl Grenadine

Mit Eiswürfeln im Shaker gut schütteln und in eine Cocktailschale abseihen.

Pimm's Sour
5 cl Pimm's
3 cl Zitronensaft
2 cl Zuckersirup

Im Shaker mit Eiswürfeln kräftig schütteln und in ein Stielglas abseihen. Mit einer halben Orangenscheibe und einer Cocktailkirsche garnieren.

Pimm's Collins
5 cl Pimm's
3 cl Zitronensaft
2 cl Zuckersirup

Mit Eiswürfeln im Shaker gut schütteln und in ein zur Hälfte mit Eiswürfeln gefülltes Longdrinkglas abseihen. Mit Sodawasser auffüllen, mit einer Zitronenscheibe und einer Cocktailkirsche garnieren.

Pimm's Flip
4 cl Pimm's
4 cl Orangensaft
2 cl Sahne
1 cl Zuckersirup
1 Eigelb

Mit Eiswürfeln im Shaker kurz und kräftig schütteln, in ein Flipglas oder einen Sektkelch abseihen. Mit etwas Muskat bestreuen.

Pimm's Royal
5 cl Pimm's
Champagner

In einen großen Sektkelch einige Eiswürfel und Pimm's geben. Mit Champagner auffüllen und eine halbe Orangenscheibe dazugeben.

Pimm's No. 1 Cup
5 cl Pimm's
Sprite, Seven-up oder Ginger Ale

In einen Glaskrug einige Eiswürfel geben und Pimm's darübergießen. Mit einer der Limonaden auffüllen und mit je einer halben Orangen- und Zitronenscheibe, Cocktailkirschen und einer Gurkenschale garnieren.

Pimm's Rangoon Style
5 cl Pimm's
Tonic Water

Zubereitung wie *Pimm's No. 1 Cup.*

Pimm's Sevilla
5 cl Pimm's
10 cl Orangensaft

Den Rand eines Stielglases in einem Zitronenviertel drehen und in Zucker tupfen. Einige Eiswürfel ins Glas geben, Pimm's und Orangensaft darübergießen. Mit einer Orangenscheibe garnieren.

Vroom
3 cl Pimm's
3 cl Tequila, Wodka oder Gin
Sprite, Seven-up oder Ginger Ale

In ein mit Eiswürfeln gefülltes Longdrinkglas Pimm's und eine der Spirituosen geben, mit einer Limonade auffüllen und mit Zitronenscheibe und Minzezweig garnieren.

Pimm's No. 1 Cup

Tropische Fruchtliköre – Jambosala/Cocosala

Mit Beginn der Fernreisen in tropische Länder kamen auch bis dahin kaum bekannte exotische Früchte auf den deutschen Markt. Unter den Spirituosenherstellern, die sich mit der Entwicklung neuer Produkte befaßten, war die Firma G. Vetter in Wunsiedel, bekannt durch ihren Kräuterlikör „Sechsämtertropfen", einer der Vorreiter.
Sie brachte 1971 den Maracuja-Likör Jambosala auf den Markt. Damit wurde nicht nur die „fruchtige Longdrink-Welle" initiiert, sondern auch eine bis zu diesem Zeitpunkt unbekannte Frucht dem deutschen Verbraucher nähergebracht. Beim Jambosala handelt es sich um einen Fruchtsaftlikör mit einem Fruchtanteil von über 50%. Seit dieser Zeit ist Jambo-Jambo, dieser frische, spritzige Drink aus Jambosala und Sekt als Tropic-Drink bekannt.
Ergänzt wurde Jambosala in den folgenden Jahren durch eine ganze Reihe von Schwesterprodukten wie Kiwisala, Granasala, Mangosala und Cocosala. Diese Liköre haben Kiwi, Granatapfel, Mango und Kokosnuß als geschmacksbestimmende Basis.
Jambosala mit 25% Vol. und Cocosala mit 17% Vol. Alkoholgehalt bilden eine hervorragende Grundlage für exotische Mixgetränke. Beide Liköre vertragen sich bestens mit Spirituosen aller Art und eignen sich für die Verbindung mit Säften und Limonaden.

Passion Cooler
6 cl Jambosala
1 cl Grenadine
12 cl Schweppes Bitter Lemon

Jambosala und Grenadine mit Eiswürfeln in ein Longdrinkglas geben. Mit einem Barlöffel gut verrühren und mit Bitter Lemon auffüllen. Nochmals leicht umrühren und eine Zitronenscheibe ins Glas geben.

Jambalaya
4 cl Jambosala
2 cl Wodka
1 cl Grenadine
6 cl Orangensaft
6 cl Ananassaft

Mit Eiswürfeln im Shaker gut schütteln, ein großes Glas zur Hälfte mit gestoßenem Eis füllen und darauf durch das Barsieb abgießen. An den Glasrand je eine Karambole- und Kiwischeibe, sowie eine Erdbeere stecken.

Baccara
3 cl Cocosala
3 cl Calvados
2 cl grüner Pfefferminzsirup
4 cl Sahne

In den Shaker einige Eiswürfel und die Zutaten geben. Kräftig schütteln und durch das Barsieb in eine Cocktailschale abgießen. Mit einem Minzeblatt garnieren.

Jambo-Jambo
4 cl Jambosala
12 cl gut gekühlter Sekt

Zwei Eiswürfel in einen großen Kelch geben und Jambosala dazugießen. Mit Sekt auffüllen und mit einem Ananasstück und einer Cocktailkirsche garnieren.

Kirschblüte
6 cl Cocosala
2 cl Cachaca de Carice
6 cl Kirschnektar
6 cl Ananassaft

Alle Zutaten mit Eiswürfeln in den Shaker geben. Kräftig schütteln und durch ein Barsieb in ein Longdrinkglas auf einige Eiswürfel abgießen. Mit frischen Kirschen garnieren.

Cocosala Blue Sky
4 cl Cocosala
2 cl Curaçao Blue
8 cl Ananassaft
einige Tropfen Zitronensaft
10 cl Schweppes Bitter Lemon

Die Zutaten – ohne Bitter Lemon – mit Eiswürfeln im Shaker kräftig schütteln und in ein Longdrinkglas auf einige Eiswürfel abgießen. Mit Bitter Lemon auffüllen und mit einem Barlöffel leicht umrühren. Einen Karambolestern an den Glasrand stecken.

Cococherry
4 cl Cocosala
2 cl Kirschlikör
4 cl Orangensaft
10 cl Schweppes Bitter Lemon

Die Zutaten – ohne Bitter Lemon – mit Eiswürfeln in den Shaker geben. Kräftig schütteln und durch ein Barsieb in ein Longdrinkglas auf einige Eiswürfel abgießen. Mit Bitter Lemon auffüllen und mit einem Barlöffel leicht umrühren.
Mit einer Zitronenscheibe und Cocktailkirschen garnieren.

Yellow Donkey
4 cl Jambosala
2 cl Cachaca de Carice
6 cl Ananassaft
6 cl Orangensaft
1 cl Grenadine

Die Zutaten mit Eiswürfeln im Shaker kräftig schütteln und in ein Longdrinkglas auf einige Eiswürfel abgießen.
Mit Ananasblättern, einem Ananasstück und Cocktailkirschen garnieren.

Passionata
4 cl Jambosala
2 cl Amaretto
4 cl Orangensaft
10 cl Grapefruitsaft

Die Zutaten mit Eiswürfeln in den Shaker geben und kräftig schütteln. Durch das Barsieb in ein Longdrinkglas auf einige Eiswürfel abgießen. Eine Erdbeere an den Glasrand stecken.

Bitterspirituosen

Kaum mehr überschaubar ist die Anzahl der Bitterspirituosen aus aller Welt. Zu den in Deutschland hergestellten Produkten gesellten sich in den vergangenen Jahren viele international renommierte Marken.
Die Palette der „Bitter" umfaßt viele Geschmacksrichtungen – vom Bitter-Wein-Aperitif mit niedrigem Alkoholgehalt über milde Bitterliköre bis hin zum starken, alkoholreichen Wurzel- oder Kräuterschnaps. Ausgangsstoffe sind bei allen Bitterspirituosen Kräuter, Samen, Fruchtschalen, Wurzeln, Rinden, Hölzer, Gewürze und weitere aromatische Substanzen. Diesen werden entweder durch Infusion (in Alkohol eingelegt und destilliert) oder durch Mazeration (mit Alkohol ausgelaugt) die aromatischen Bestandteile entzogen, die zur Herstellung gebraucht werden.

Der bekannteste deutsche Bitter „Underberg" (44% Vol.) wurde 1846 von Hubert Underberg erstmals hergestellt. Heutzutage sind die kleinen Portionsfläschchen aus fast keinem Haushalt oder gastronomischen Betrieb mehr wegzudenken. Großen Bekanntheitsgrad genießt auch der von der Firma Vetter im Fichtelgebirge hergestellte würzige Kräuterlikör „Sechsämtertropfen" (33% Vol.).
Fernet Branca und Fernet Branca Menta (beide 40% Vol.), Ramazzotti (32% Vol.) und Averna (34% Vol.) kommen als bekannteste Marken aus Italien, dem klassischen Land der Bitterspirituosen. Zwack „Unicum" (42% Vol.), der Bitter ungarischen Ursprungs, wurde jahrzehntelang in Italien hergestellt, seit Öffnung des Ostens wird jedoch auch wieder in Ungarn produziert. Ebenfalls seit Öffnung des Ostens kommt die würzige, goldklare Kräuterspezialität Karlsbader Becher (38% Vol.) wieder als Originalabfüllung aus Karlsbad/Böhmen zu uns. Alle diese Bitter und Kräuterliköre sind klassische Digestifs, und man trinkt sie je nach Eigenart zu verschiedenen Anlässen und Tageszeiten. Sie eignen sich nicht nur als Getränk für alle Gelegenheiten, sondern erfüllen auch nach Abschluß einer Mahlzeit ihren Zweck als Verdauungsschnaps. Auch zum Mixen sind Bitterspirituosen und Kräuterliköre geeignet.

Apotheke
2 cl Underberg oder Fernet Branca
2 cl Crème de Menthe Grün
2 cl Vermouth Rosso

In ein Cocktailglas auf einen Eiswürfel gießen, kurz rühren, den Eiswürfel wieder herausnehmen.

Fernet Branca Cocktail
2 cl Fernet Branca
2 cl Vermouth Bianco
2 cl Gin

Die Zutaten im Rührglas mit Eiswürfeln gut rühren und in ein kleines Cocktailglas abseihen. Eine Cocktailkirsche dazugeben.

Heinz O.
2 cl Underberg
2 cl Wodka
1 cl Campari

Zubereitung wie *Fernet Branca Cocktail.*

Bonsoni
2 cl Fernet Branca
4 cl Vermouth Bianco

Zubereitung wie *Fernet Branca Cocktail.*

Ramazzotti Tonic
4 cl Ramazzotti
Tonic Water

Den Ramazzotti in ein mit Eiswürfeln gefülltes Longdrinkglas gießen und mit Tonic Water auffüllen. Eine halbe Zitronenscheibe dazugeben.

Long Zwack

Ramazzotti Cooler

Averna Sour
5 cl Averna
3 cl Zitronensaft
1 cl Zuckersirup

Im Shaker mit Eiswürfeln kräftig schütteln und in ein Stielglas abseihen. Mit einer halben Orangenscheibe und einer Cocktailkirsche garnieren.

Ramazzotti Sour
5 cl Ramazzotti
3 cl Zitronensaft
1-2 cl Grenadine

Zubereitung wie *Averna Sour.*

Ramazzotti Cooler
4 cl Ramazzotti
2 cl Gin
2 cl Zitronensaft
1 cl Zuckersirup
Sodawasser

Die Zutaten – ohne Sodawasser – mit Eiswürfeln im Shaker gut schütteln und in ein Longdrinkglas auf einige Eiswürfel abseihen. Mit etwas Sodawasser auffüllen. Eine halbe Zitronenscheibe und eine Cocktailkirsche in den Drink geben.

Brittany
3 cl Ramazzotti
3 cl Gin
2 cl Zitronensaft
4 cl Orangensaft

Im Shaker mit Eiswürfeln gut schütteln und in einen Tumbler auf einige Eiswürfel abseihen. Mit einer Zitronenscheibe garnieren.

Unicum Flip *1982
2 cl Unicum
2 cl Crème de Cassis
2 cl Sahne
4 cl Maracujanektar
1 Eigelb

Mit Eiswürfeln im Shaker gut schütteln und in einen großen Sektkelch abseihen, mit etwas Muskat bestreuen.

Long Zwack *1982
2 cl Unicum
2 cl Crème de Bananes
1 cl Zitronensaft
8 cl Pfirsichnektar
10 cl Tonic Water

Die Zutaten – ohne Tonic Water – mit Eiswürfeln im Shaker gut schütteln und in ein Stielglas abseihen. Mit Tonic Water auffüllen und mit einer Orangenscheibe und einer Cocktailkirsche garnieren.

Alkoholfreie Mixgetränke

Sirup und Creams

In der heutigen Zeit haben die alkoholfreien Mixgetränke einen immer größer werdenden Freundeskreis gefunden. Durch die Vielzahl der neu auf dem Markt erschienenen exotischen Säfte und Sirups sind die Möglichkeiten, interessant schmeckende Mixgetränke herzustellen, um ein Vielfaches gestiegen.

Alkoholfreie Mixgetränke sind meist Mischungen aus Sirups und Fruchtsäften, zum Teil mit Eigelb oder/und Sahne. Sie werden wie ihre alkoholischen Verwandten zumeist geschüttelt, um eine innige Verbindung zwischen Säften und Sirups herzustellen, aber auch um die Kälte des Eises anzunehmen und um eine schöne Schaumkrone zu erhalten. Vereinzelt wird jedoch auch direkt im Glas angerichtet. Die Skala von süß bis sauer läßt sich durch die Sirupmenge oder die Ausgewogenheit der Säfte regeln.

Je nach Konsistenz richtet man den Drink mit oder ohne Eiswürfel an, gibt aber immer Trinkhalme dazu. Zum Garnieren eignen sich außer Orangen, Zitronen, Ananas und Cocktailkirschen viele exotische Früchte, zumal dann, wenn eine dieser Früchte schon als Sirup oder Saft Bestandteil des Drinks ist.

Alkoholfreie Mixgetränke trinkt man zu jeder Tageszeit; sie eignen sich jedoch aufgrund ihrer Intensität nicht vor und auch nicht während einer Mahlzeit.
Ein Drink kann immer nur so gut werden, wie die Zutaten es zulassen. Es ist falsch, zu glauben, daß man minderwertige Zutaten im gemixten Drink nicht bemerkt. Dies ist genauso unsinnig, wie eine gute Spirituose mit einem schlechten Saft oder Sirup zu verderben.
Nun das Wichtigste über die in der Bar gebräuchlichen Sirups und Creams:
Sirups sind konzentrierte, dickflüssige Lösungen von Zucker in Wasser oder Zucker in Fruchtsäften oder Pflanzenauszügen. Der gebräuchlichste zum Mixen verwendete Sirup ist der Zuckersirup. Dieser läßt sich leicht selbst herstellen: Man gibt auf einen Liter kochendes Wasser ein Kilogramm Zucker und rührt, bis der Sirup klar ist. Nach dem Erkalten füllt man ihn auf Flaschen ab. Zuckersirup ist monatelang haltbar.
Seit einiger Zeit wird unter der Bezeichnung „Canadou" ein in der Karibik hergestellter Zuckerrohrsirup in Flaschen im Handel angeboten.
Gleichbedeutend dem Zuckersirup ist der Grenadine zum Mixen. Grenadine hat den bis in die fünfziger Jahre gebräuchlichen Himbeersirup aufgrund seiner schöneren Farbe und größeren Geschmacksintensität abgelöst. Grenadine wird hergestellt unter Verwendung von natürlichen Fruchtsäften, die in ihrer Zusammensetzung einen Granatapfelgeschmack ergeben.
Eine weitere interessante Mixzutat ist Rose's Lime Juice. Dieser international bekannte Limonensirup ersetzt bei vielen Drinks Zitronensaft und Zuckersirup.
Um den alkoholfreien Getränken eine exotische Note zu verleihen, wird zunehmend auch Maracuja- und Mangosirup verwendet. Im Handel befinden sich einige hervorragende französische Produkte.
Unter dem Namen Orgeat (aus Frankreich – USA) und Orzata (Italien) werden ausgezeichnete Mandelextrakte angeboten. Diese milchig-weißen Sirups weisen gegenüber wasserhellen Produkten den Vorteil größerer Intensität und Konsistenz beim Mixen auf. Mit den alkoholfreien Curaçao Bleu und Cassis des französischen Likörherstellers Bardinet lassen sich geschmacklich und farblich ansprechende Mixgetränke ohne Alkohol herstellen.
Bei Verwendung von Cream of Coconut erhält man intensiv nach Kokosnuß schmeckende Drinks. Cream of Coconut ist in Dosen meist zum Teil dickflüssig, zum Teil fest-cremig. Bei den Rezeptangaben ist dies jeweils berücksichtigt. Bei Gebrauch von größeren Mengen empfiehlt es sich, die geschlossene Dose zuerst in heißes Wasser zu stellen, nach einiger Zeit zu öffnen, dann den nun flüssigen Inhalt in eine 0,7-l-Flasche zu geben und mit heißem Wasser aufzufüllen. Die Verdoppelung der Menge ist bei den Rezeptangaben zu berücksichtigen. Die aufbereitete Cream of Coconut ist kühl zu lagern und eventuell vor erneutem Gebrauch kurz unter heißes Wasser zu halten. Die Cream ist relativ lange haltbar, eine wiederholte Erwärmung schadet ihr keineswegs.

Alkoholfreie Mixgetränke

Sport Flip
1 Eigelb
2 cl Sahne
1 cl Grenadine
6 cl Orangensaft
6 cl Ananassaft

Mit Eiswürfeln im Shaker gut schütteln und in einen großen Sektkelch abseihen. Mit Muskat bestreuen.

Tropical
2 cl Orgeat/Orzata Mandelextrakt
2 cl Pfefferminzsirup
kalte Milch

Mandelextrakt und Pfefferminzsirup in ein Longdrinkglas geben und mit kalter Milch auffüllen.

Prairie Oyster
3 Eßlöffel Tomatenketchup
Olivenöl
1 Eigelb
Salz
Pfeffer
Tabasco
Worcestershire Sauce
Zitronensaft

Eine kleine Cocktailschale mit etwas Olivenöl ausschwenken, Ketchup dazugeben und das Eigelb in die Mitte setzen. Je nach Geschmack mit Salz, Pfeffer, Tabasco, Worcestershire Sauce und Zitronensaft würzen.

Tropical

Andrea

Pina Colada Natur
16 cl Ananassaft
2 Barlöffel feste oder
4-6 cl flüssige Cream of Coconut

Im Elektromixer gut durchmixen und in ein mit Eiswürfeln gefülltes Longdrinkglas gießen. Mit einem Ananasstück und Cocktailkirschen garnieren.

Franz III.
12 cl Ananassaft
2 cl Bardinet Curaçao Bleu-alkoholfrei
2 Barlöffel feste oder
4 cl flüssige Cream of Coconut

Zubereitung wie *Pina Colada Natur.*

Andrea
4 cl Bardinet Curaçao Bleu-alkoholfrei
2 cl Zitronensaft
2 cl Orgeat/Orzata Mandelextrakt
12 cl Orangensaft

Im Shaker mit Eiswürfeln gut schütteln und in ein Longdrinkglas auf einige Eiswürfel abseihen. Mit einer Orangenscheibe und einer Cocktailkirsche garnieren.

Trauben Flip
2 cl Himbeersirup
1 Eigelb
10 cl kalte Milch
10 cl kalter roter Traubensaft

Mit Eiswürfeln im Shaker gut schütteln und in ein Longdrinkglas abseihen.

Virgin Mary
1 cl Zitronensaft
frisch gemahlener Pfeffer
Selleriesalz
2 Spritzer Tabasco
3-5 Spritzer Worcestershire Sauce
20 cl Tomatensaft

In ein Longdrinkglas auf einige Eiswürfel die Gewürze und den Zitronensaft geben, mit dem Tomatensaft auffüllen und gut rühren.

Fiesta
2 cl Himbeersirup
8 cl Orangensaft
8 cl Maracujanektar
2 cl Sahne

Mit Eiswürfeln im Shaker gut schütteln, in ein großes Longdrinkglas auf einige Eiswürfel abseihen und mit Früchten garnieren. Trinkhalme dazugeben.

Florida
2 cl Maracuja-Sirup
2 cl Zitronensaft
5 cl Ananassaft
5 cl Orangensaft
5 cl Grapefruitsaft

Zubereitung wie *Fiesta.*

Fruit Punch
2 cl Mangosirup
4 cl Maracujanektar
4 cl Ananassaft
4 cl Orangensaft
4 cl Grapefruitsaft

Zubereitung wie *Fiesta.*

Pina Colada Natur

Pussy Cat
2 cl Bardinet Cassis-alkoholfrei
6 cl Ananassaft
6 cl Orangensaft
6 cl Grapefruitsaft

Zubereitung wie *Fiesta.*

Orange Velvet
1-2 cl Orgeat/Orzata Mandelextrakt
8 cl Maracujanektar
8 cl Orangensaft
2 cl Sahne

Zubereitung wie *Fiesta.*

Alice
1-2 cl Grenadine
2 cl Sahne
8 cl Orangensaft
8 cl Ananassaft

Zubereitung wie *Fiesta.*

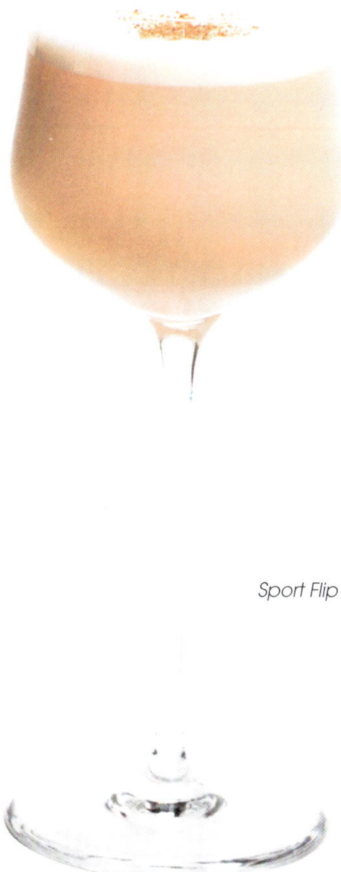

Sport Flip

Pussy Foot
2 cl Grenadine
6 cl Ananassaft
6 cl Orangensaft
6 cl Grapefruitsaft

Zubereitung wie *Fiesta.*

Was Sie noch mit Orgeat/ Orzata-Mandelsirup mixen können:

Was Sie noch mit Cream of Coconut mixen können:

Säfte

Es ist längst nicht alles Fruchtsaft, was auf den ersten Blick so aussieht oder schmeckt.

So dürfen als Fruchtsaft nur Getränke bezeichnet werden, die Saft aus frischen oder tiefgefrorenen Früchten enthalten. Sie sind stets unverdünnt und bestehen daher zu 100% aus gepreßtem Obst. Hierbei unterscheidet man zwischen naturreinem Fruchtsaft, der erntefrisch gepreßt und in die Flasche gefüllt wird, und Fruchtsaft aus Fruchtsaftkonzentrat. Bei letzerem muß dies auf dem Etikett entsprechend deklariert werden.

Fruchtsaftkonzentraten wird gleich nach dem Pressen im Ursprungsland 50 bis 80% des natürlichen Fruchtwassers unter Hitze entzogen. Es wird für den Transport tiefgefroren, beim Abfüllen wieder aufgetaut und in der ursprünglichen Menge wieder zugefügt. Hierbei ist eine Zuckerung bis 15 g je Liter erlaubt, um einen eventuellen Fruchtzuckermangel auszugleichen.

Naturreine Fruchtsäfte dürfen niemals gezuckert werden.

Frucht-Nektare sind ein Gemisch aus Fruchtsaft und/oder Fruchtmark, Wasser und Zucker. Gesetzlich vorgeschrieben ist ein Mindestgehalt an Fruchtanteilen, der auf dem Etikett angegeben sein muß.

Fruchtsaftgetränke werden aus kohlensäurehaltigen oder stillem Tafelwasser und Zucker unter Hinzufügung von Fruchtsäften, Fruchtsaftgemischen oder sogenannten Dicksäften hergestellt.

Beim Einkauf von Fruchtsäften lohnt sich also ein genaues Studium der Etiketten. Die Zusammensetzung der Säfte erklärt natürlich auch die Preisunterschiede.
Für die hier vorgestellten alkoholfreien Mixgetränke bietet sich die Verwendung von Fruchtsäften der Getränkeindustrie an. Bei dem heutigen Stand der Haltbarmachung rückt auch die Frage Frisch- oder Fertigprodukt in den Hintergrund. Diese stellt sich ja auch nur bei Zitronen-, Orangen- und Grapefruitsaft. Bei Tomaten-, Trauben- und Apfelsaft sowie den exotischen Säften aus Ananas, Maracuja, Mango usw. mußte man schon immer auf Fertigprodukte zurückgreifen und trotzdem – oder gerade deswegen – haben sich weltbekannte Drinks durchgesetzt.

Calimero *1986
8 cl Orangensaft
8 cl Grapefruitsaft
2 Barlöffel feste oder
4 cl flüssige Cream of Coconut
2 cl Bardinet Curaçao Bleu-alkoholfrei

Die Zutaten im Elektromixer gut durchmixen und in ein Longdrinkglas auf einige Eiswürfel gießen. Mit einem Ananasstück und einer Cocktailkirsche garnieren.

Banana Milk Shake
1/2 Banane
20 cl kalte Milch
1 Kugel Vanilleeis
1 Eßlöffel Honig

Im Elektromixer gut durchmixen und in ein großes Glas füllen.

Mango Milk Shake
Einige Mangostücke
15 cl kalte Milch
2 Barlöffel Cream of Coconut
1 Kugel Vanilleeis

Zubereitung wie *Banana Milk Shake.*

Schoko Milk Shake
1/2 Banane
15 cl kalte Milch
4 cl Schokoladensauce
1 Kugel Schokoladeneis

Zubereitung wie *Banana Milk Shake.*

Erdbeer Milk Shake
5 Erdbeeren
15 cl kalte Milch
4 cl Erdbeersauce
1 Kugel Erdbeereis

Zubereitung wie *Banana Milk Shake.*

Orange Velvet

Pussy Foot

Schweppes

Am Anfang der Geschichte dieses Hauses steht ein Mann, dessen Wirken die Grundlage für die heutige Erfrischungsgetränke-Industrie gelegt hat: Jakob Schweppe.

Als im Jahre 1783 der in Hessen geborene Jakob Schweppe zum erstenmal Mineralwasser künstlich herstellte, war das die Geburtsstunde des heute weltbekannten Unternehmens.

Das unter dem Namen „Soda Water" angebotene Produkt wurde in einer geradezu revolutionären Flasche verkauft. Im Volksmund hieß sie die „betrunkene Flasche", weil sie wie Sekt verkorkt war und liegend aufbewahrt werden mußte, um den Korken ständig feucht zu halten und damit ein Entweichen der Kohlensäure zu verhindern.

Von England aus setzte das Unternehmen Jacob Schweppe & Co. den Siegeszug von „Soda Water" um die ganze Welt fort. Die Entwicklung war so expansiv, daß bereits 1809 fünf Fabrikationsstätten Schweppes Sodawater und andere Schweppes-Produkte herstellten.

1897 wurden „Ginger Ale" und das heute weltberühmte „Tonic Water" eingeführt.

Diesen folgten 1957 die Schweppes Bitter-Limonaden, die inzwischen zum Synomym von Schweppes geworden sind.

Dem Trend der Zeit folgend, wurde das Sortiment durch die „Light"-Produkte ergänzt: Tonic Water, Bitter Lemon und Ginger Ale „Light" weisen nur einen Kaloriengehalt von 12 Kcal=51 KJ pro 100 ml auf.

Vervollständigt wurde das Sortiment mit dem seit März 1988 angebotenen „Tropical Bitter". Das herb-fruchtige Tropical Bitter verdankt seinen Geschmack den tropischen Früchten Guave, Maracuja, Mango, Ananas und Banane.

Schweppes Werbemotiv um die Jahrhundertwende.

Schweppes

Erst seit 1958 wird Schweppes auf dem deutschen Markt angeboten. Anfangs aus England importiert, erforderte die steigende Nachfrage bald eine eigene Produktionstätte in Deutschland, deren jährliche Abfüllkapazität heute 100 Millionen Flaschen übersteigt.

Schweppes Erfrischungsgetränke erfüllen in idealer Weise die Anforderungen von weltbekannten Longdrinks. Als Beigabe oder zur Geschmacksgebung bei vielen Spirituosen sind sie ein unentbehrlicher Bestandteil jeder Bar.

Schweppes Bitter-Limonaden, Ginger Ale und Soda Water sind außer zur Herstellung erfrischender Mixgetränke hervorragend für schnell gemixte Longdrinks geeignet.

Im einzelnen beliebt und gut zueinander passend sind folgende Verbindungen:

Zu Tonic Water
Gin, Wodka, Aperol, Campari, Weißer Rum, Tequila, Cointreau, Chartreuse, Pêcher Mignon, Curaçao Blue, Pimm's, Malibu, Southern Comfort und Grand Marnier.

Zu Ginger Ale
Alle Whiskysorten, Southern Comfort, Pimm's, Calvados, Weißer Rum und Pêcher Mignon.

Zu Bitter Lemon
Zu Bitter Orange
Zu Bitter Grapefruit
Gin, Wodka, Campari, Aperol, Weißer Rum, Tequila, Pimm's, Cointreau und Curaçao Blue.

Zu Tropical Bitter
Gin, Wodka, Weißer Rum, Tequila, Campari, Aperol, Curaçao Blue, Malibu, Cointreau.

Zu Sodawater
Aperol, Campari, Cognac, Weinbrand, alle Whiskysorten, Pimm's und Pêcher Mignon.

Curaçao Blue mit Tonic Water

Campari Soda

Schweppes Werbemotiv „Green Ladies"

Bowlen

Die heute besonders im Sommer beliebten Bowlen haben ihre Vorläufer in den Kräuter- und Gewürzweinen des späten Mittelalters. Ihren Namen verdankt die Bowle der englischen Bezeichnung für Schüssel – bowl.
Bowlen eignen sich hervorragend als leichtes Sommergetränk in den Nachmittags- und Abendstunden. Sie bieten dem Gastgeber die Möglichkeit, viele Personen gleichzeitig und ohne Hektik mit einem ansprechenden Getränk zu versorgen.

Für eine Bowle benötigt man:

1. Ein Bowlengefäß mit einem Eiseinsatz oder eine Glasschüssel, die man in ein größeres Gefäß stellt. Der Zwischenraum wird dann mit Eisstücken ausgefüllt.
2. Bowlentassen (mit Henkel) oder Gläser.
3. Obst (frisch, aus der Dose oder tiefgefroren).
4. Eiswürfel oder Eisstücke.
5. Wein und Sekt bzw. Champagner.

Einen großen Teil ihrer Beliebtheit verdankt die Bowle sicherlich dem Umstand, daß sich unsere einheimischen spritzigen Mosel- und lieblichen Rheinweine ausgezeichnet dazu eignen. Es ist nicht nötig, Spitzenweine in die Bowle zu geben, aber naturreine Weine der Mittelklasse sollten schon verwendet werden.

Daß Bowlen ihre Hochsaison im Sommer haben, liegt nicht nur daran, daß sommerliche Temperaturen leichtere Getränke erfordern und man die Terrasse oder den Garten zur Bowlen-Party benutzen kann, sondern auch an der Haupterntezeit der einheimischen Obstsorten. Da aber jetzt auch hervorragende exotische Obstkonserven und Tiefkühlprodukte zu haben sind und man jederzeit frische Kiwis, Ananas usw. zur Verfügung hat, ist es kein Problem, zu jeder Jahreszeit eine Bowle anzusetzen.

Bei der Zubereitung sollte man einige Tips beachten:

1. Früchte möglichst mit Wein ansetzen und nicht mit destilliertem Alkohol.
2. Nur wenig Zucker, am besten gar keinen verwenden. Wenn jemand nachsüßen will, dann nur mit Zuckersirup, damit zu heftiges Umrühren vermieden wird.
3. Keine Eiswürfel oder Eisstücke in die Bowle geben, sondern Gefäße mit Eiseinsatz verwenden.
4. Die Bowle im Kühlschrank ziehen lassen, jedoch darauf achten, daß sie keine fremden Gerüche annimmt.
5. Wein und Sekt bzw. Champagner erst vor dem Servieren zugeben. Nach der Weinzugabe etwas umrühren. Ist mit Sekt aufgefüllt, empfiehlt sich nur noch ein leichtes Aufrühren.
6. Bei der Bowle ist das Früchtearoma ausschlaggebend, aus diesem Grund sollte sie nicht zu alkoholhaltig sein.
7. Hat man zu wenig Bowle vorbereitet, dann nie verlängern, da die eventuell noch vorhandenen Früchte bereits ausgelaugt sind und der Geschmack dem der frischen Bowle nicht mehr entsprechen kann.

Erdbeer-Kiwi-Himbeer-Bowle

Himbeerbowle
500 g Himbeeren
12 cl Liqueur de Framboise (Himbeerlikör)
1 Zitronenspirale
2 Flaschen Rheinwein
1 Flasche trockener Sekt

Die Himbeeren, den Likör und die Zitronenspirale mit einer Flasche Wein ansetzen und zugedeckt im Kühlschrank eine Stunde ziehen lassen. Danach mit der zweiten Flasche Wein und dem Sekt auffüllen.
(ergibt ca. zweieinhalb Liter)

Pfirsichbowle
8 mittelgroße weiße Pfirsiche
12 cl Pêcher Mignon (Pfirsichlikör)
1 Zitronenspirale
2 Flaschen Moselwein
1 Flasche trockener Sekt

Zubereitung wie *Himbeerbowle.*
(ergibt ca. zweieinhalb Liter)

Kiwibowle
8 Kiwis
12 cl Kiwilikör
4 cl Jamaica Rum
1 Zitronenspirale
2 Flaschen trockener Riesling
1 Flasche trockener Sekt

Die Kiwis schälen und in Scheiben schneiden, mit der Zitronenspirale ins Bowlengefäß legen, darüber Kiwilikör, Jamaica Rum und die beiden Flaschen Riesling gießen.
Eine Stunde zugedeckt im Kühlschrank ziehen lassen, danach mit dem Sekt auffüllen.
(ergibt ca. zweieinhalb Liter)

Erdbeerbowle
500 g Erdbeeren
1 Zitronenspirale
2 Flaschen Moselwein
1 Flasche trockener Sekt

Die Erdbeeren halbieren und mit der Zitronenspirale in das Bowlengefäß geben, mit dem Moselwein übergießen und zugedeckt eine Stunde im Kühlschrank ziehen lassen, danach mit dem Sekt auffüllen.
(ergibt ca. zweieinhalb Liter)

Ananas-Erdbeer-Bowle
1 Ananas
250 g Erdbeeren
2 Flaschen Moselwein
1 Flasche trockener Sekt

Die Ananas der Länge nach achteln, das harte Mittelstück herausschneiden, das Fruchtfleisch schälen und würfeln. Die Ananasstückchen mit den halbierten Erdbeeren in das Bowlengefäß geben. Mit Wein übergießen und zugedeckt im Kühlschrank eine Stunde ziehen lassen. Dann mit Sekt auffüllen.
(ergibt ca. zweieinhalb Liter)

Ananasbowle
1 Ananas
4 cl Jamaica Rum
10 cl Cointreau
2 Flaschen Moselwein
1 Flasche trockener Sekt

Zubereitung wie *Ananas-Erdbeer-Bowle.*
(ergibt ca. zweieinhalb Liter)

Gurkenbowle
1 grüne Salatgurke
12 cl Cointreau
12 cl Roter Portwein
2 Flaschen Moselwein
1 Flasche trockener Sekt

Zubereitung wie *Kiwibowle.*
(ergibt ca. zweieinhalb Liter)

Lycheebowle
2 Dosen Lychees
4 cl Cointreau
4 cl Cognac
1 Zitrone
2 Flaschen Moselwein
1 Flasche trockener Sekt

Die Lychees im Sieb abtropfen lassen, dann mit Cointreau, Cognac und den Saft der Zitrone ins Bowlengefäß geben. Mit einer Flasche Wein übergießen und eine Stunde lang im Kühlschrank zugedeckt ziehen lassen. Danach die zweite Flasche Wein und den Sekt dazugeben.
(ergibt ca. zweieinhalb Liter)

Erdbeer-Kiwi-Himbeer-Bowle
500 g Erdbeeren
250 g Himbeeren (auch tiefgefroren)
3 Kiwis
12 cl Kiwilikör
2 Flaschen trockener Riesling
1 Flasche trockener Sekt

Erdbeeren und Himbeeren mit Kiwilikör und einer Flasche Riesling in das Bowlengefäß geben. Eine Stunde zugedeckt in den Kühlschrank stellen. Vor dem Servieren die Kiwis schälen, in Scheiben schneiden und mit der zweiten Flasche Riesling und dem Sekt in die Bowle geben.
(ergibt ca. drei Liter)

Waldmeisterbowle

1 Büschel Waldmeister
2 Flaschen trockener Riesling
1 Flasche trockener Sekt

Ein Büschel unaufgeblühten Waldmeister waschen, den Wein in den Bowlenkrug geben und den Waldmeister an einen Bindfaden hineinhängen, ohne daß die Stiele in den Wein eintauchen. Vor dem Servieren eine halbe Stunde im Kühlschrank ziehen lassen, den Waldmeister entfernen und den Sekt dazugeben.
(ergibt ca. zwei Liter)

Melonen-Basilikum-Bowle

4 Bund Basilikum
1 Netz- oder Kantalupmelone
2 Flaschen Muscadet
1 Flasche Sekt

Die Melone halbieren, entkernen, mit einem Kugelausstecher das Fruchtfleisch herausstechen und in das Bowlengefäß geben. 3 Bund Basilikum zusammenbinden und in das Gefäß hängen, die beiden Muscadet-Flaschen darübergießen, eine Stunde zugedeckt im Kühlschrank ziehen lassen. Vor dem Servieren das Basilikum herausnehmen. Die Blätter vom verbliebenen Bund Basilikum in die Bowle geben und mit dem Sekt auffüllen.
(ergibt ca. zweieinhalb Liter)

Kalte Ente

1 Zitronenspirale
2 Flaschen halbtrockener Moselwein oder trockener Riesling
2 Flaschen trockener Sekt

In einen Glaskrug mit Eiseinsatz die Zitronenspirale hängen und den kalten Wein und Sekt darübergießen. Die Zitronenspirale nach einiger Zeit herausnehmen.
Je nach Geschmack kann man auch zwei Teile Wein und einen Teil Sekt nehmen.
(ergibt ca. zwei bis drei Liter)

Zitronen-Tee-Bowle

1 l kräftiger Tee
20 cl Monin Limonenlikör
2 Zitronen
3 Flaschen kalter Sekt

Den Tee in der Tiefkühltruhe zu Eiswürfeln gefrieren lassen. Die gefrorenen Tee-Eiswürfel in das Bowlengefäß geben, die Zitronen in Scheiben schneiden und dazugeben. Darüber den Limonenlikör und die drei Flaschen Sekt gießen.
(ergibt ca. drei Liter)

Feuerzangenbowle

1 Zuckerhut
3 Orangen
2 Zitronen
1 Zimtstange
6 Gewürznelken
1 0,75 l Flasche Jamaica Rum (über 70% Vol.)
3 Flaschen roter Bordeaux

In einem Kupferkessel den Rotwein, den Saft von zwei Orangen und einer Zitrone, die Schalen je einer Orange und Zitrone, eine Zimtstange und die Nelken erhitzen (nicht kochen!) und auf einen Rechaud stellen.
Die Feuerzange über den Kessel legen, den Zuckerhut darauflegen und mit Rum tränken – anzünden. Ständig Rum auf den Zuckerhut nachgießen (mit Hilfe einer Kelle und nicht direkt aus der Flasche!), bis der Zucker abgeschmolzen, also in den Wein getropft ist. Danach die Feuerzange, die Orangen- und Zitronenschalen sowie die Gewürze entfernen.
(ergibt ca. drei Liter)

Sangria
5 Pfirsiche
3 Orangen
2 Zitronen
2 Zimtstangen
8 cl Cointreau
8 cl spanischer Brandy
8 cl Roter Portwein
3 Flaschen trockener spanischer Rotwein

In den Bowlenkrug gibt man die enthäuteten, in längliche Stücke geschnittenen Pfirsiche, den Saft einer Orange und einer Zitrone, eine Zitronenspirale, die Zimtstangen, das Fruchtfleisch von zwei in Stückchen geschnittenen Orangen, Cointreau, Brandy und Portwein.
Diesen Ansatz stellt man zugedeckt ein bis zwei Stunden kühl und füllt dann mit kaltem Rotwein auf.
(ergibt ca. drei Liter)

Haiti-Punch
20 cl Grand Marnier
20 cl Cognac
1,5 l trockener Weißwein
1 Zitrone
1 Orange
2 Zimtstangen
3 Scheiben frische Ananas

In ein Bowlengefäß Zimtstangen, Zitronen- sowie Orangenscheiben und Ananasstückchen geben.
Mit Grand Marnier und Cognac übergießen, im Kühlschrank ziehen lassen und mit kaltem Weißwein auffüllen.
(ergibt ca. zwei Liter)

Sangria

Die Getränkegruppen

BEFORE-DINNER-DRINKS

Hier sind alle klassischen, meist herben Short-Drinks zusammengefaßt.
Diese in der Mehrzahl stark alkoholhaltigen Cocktails eignen sich zum Genuß vor dem Dinner, entsprechen jedoch zum Teil nicht mehr unserem Geschmack. Diese zum Teil schon Anfang dieses Jahrhunderts kreierten Rezepte mußten auch ihren Tribut den geänderten Trinkgewohnheiten zollen.

ADONIS
ALASKA
ALFONSO
AMBER DREAM
APEROL '86
BAMBOO
BENTLEY
BIJOU
BOLOGNA
BOURBON MANHATTAN
CLARIDGE
COMFORT MANHATTAN
DONATELLO
DUBONNET COCKTAIL
GIBSON
GIMLET
GIPSY
MANHATTAN
MANHATTAN DRY
MARTINI DRY
PADDY COCKTAIL
PERFECT COCKTAIL
PRINCETOWN
ROB ROY
ROSE
WODKA GIBSON
WODKA GIMLET
WODKA MARTINI

AFTER-DINNER-DRINKS

Die Palette der After-Dinner-Drinks umfaßt alle Geschmacksrichtungen, vom herben Bitter über Spirituosen/Likör-Mischungen bis zum cremigen und süßen Cocktail. Sie werden vorzugsweise nach dem Dinner getrunken, eignen sich aber auch als Bargetränk am Abend.

Wie bei den Grundrezepten bereits erwähnt, zählen heute im weitesten Sinne auch Sours, Flips oder Hot Drinks zu dieser Gruppe.

ALEXANDER'S BABY
ALEXANDER'S SISTER
ANGELIC
APOLLO 8
APOTHEKE
ARAGO
BACCARA
BAKED ALMONDS
BANANA ITALIANO
B AND B
BANSHEE
BARBARA
BLACK RUSSIAN
BLUE HAWAII
BONSONI
BRANDY ALEXANDER
BRANDY FINO
BRUNETTE
CHARTREUSE MATINEE
CHERRY BANANA
CHERRY RUM
COFFEE GRASSHOPPER
CREAMY ORANGE
FERNET BRANCA COCKTAIL
FRENCH CONNECTION
FROGGY
FROSTBITE
GENTLE BULL
GIN ALEXANDER
GINGER ROGERS
GODFATHER
GODMOTHER
GOLDEN CADILLAC
GOLDEN DREAM
GOLDEN NAIL
GOLDEN RUSSIAN
GOLDEN TORPEDO
GRASSHOPPER
GREEN JADE
HEINZ O.
IRISH DREAM
ITALIAN FASCINATION
JAMAICAN HOP
JULIA
KAHLÚA ALEXANDER
MALIBU BANANA
MALIBU MINT
MARY ROSE
MIDNIGHT EXRESS
NORTHERN KISS
NUMERO UNO
ORANGE CADILLAC
PINKY
POMPEII
PRINCESS DREAM
PURPLE BUNNY
RED RUSSIAN
ROAD RUNNER
ROMAN CREME
RUM ALEXANDER
RUSTY NAIL
SARONNO
SILVER JUBILEE
SNOWFLAKE
SOMBRERO
SOUTHERN DREAM
STINGER
SWEET EDEN
SWEET GIRL
SWEET MARIA
TOREADOR
VELVET HAMMER
WHITE BANANA
WHITE CLOUD
WHITE RUSSIAN

APERITIFS

Um der Bedeutung des Namens Aperitif in den südlichen Ländern gerecht zu werden, sind die hier zusammengefaßten Rezepte nicht nur zum Genuß vor dem Essen, sondern auch für zwischendurch geeignet. Die Alkoholstärke reicht vom leichten, nur parfümierten Champagner über Bitter- und Anisspirituosen bis hin zu alkoholreichen Champagner Cocktails.
Wichtig bei der Wahl des Aperitifs ist die jeweilige Gelegenheit und das darauffolgende Essen.
So richtet ein intensiv schmeckendes Getränk vor einem kleinen Imbiß gewiß keinen Schaden an. Vor einem festlichen Menü mit fein abgestimmten Speisen dürfte es aufgrund seiner Geschmacksintensität jedoch fehl am Platze sein.

AMERICANO
ALFONSO
BELLINI

CAMPARI MIT SHERRY UND TONIC
CAMPARI BLOSSOM
CAMPARI SHAKERATO
CARIBBEAN CHAMPAGNE
CHAMPAGNER COCKTAIL
CHAMPAGNER COCKTAIL II
FLYING
FRENCH 75
GABRIELA
GRAND MARNIER A L'ORANGE
HEMINGWAY
ITALIAN GIPSY
KIR CASSIS
KIR FRAMBOISE
KIR ROYAL
MARGARET ROSE
MAURESQUE
MAX JOSEPH
MIMOSA
NEGRONI
OHIO
PECHER ROYAL
PERROQUET
PICK ME UP
PORT CASSIS
PRINCE OF WALES
RED KISS
RITZ
ROYAL WILD STRAWBERRY
SHAFT
STERNSTUNDE
TOMATE
VERMOUTH CASSIS

SOURS

AMARETTO SOUR
APEROL SOUR
ASBACH SOUR
AVERNA SOUR
BRANDY SOUR
CALVADOS SOUR
CHARTREUSE SOUR
CHERRY SOUR
COMFORT SOUR
DRAMBUIE SOUR
FRISCO SOUR
GIN SOUR
GRAND MARNIER SOUR
HOLIDAY SOUR
PECHER SOUR
PIMM'S SOUR
RAMAZZOTTI SOUR
RUM SOUR
TEQUILA SOUR
WHISKY SOUR
WODKA SOUR

FIZZES

APRICOT FIZZ
BRANDY FIZZ
CHERRY RUM FIZZ
DRAMBUIE FIZZ
DUBONNET FIZZ
GIN FIZZ
GOLDEN FIZZ
IRISH FIZZ
ORANGEN FIZZ
PINEAPPLE FIZZ
ROYAL FIZZ
SILVER FIZZ
WODKA FIZZ

COLLINS

B AND B COLLINS
CAPTAIN COLLINS
COLONEL COLLINS
COMFORT COLLINS
MIKE COLLINS
PEDRO COLLINS
PIERRE COLLINS
PIMM'S COLLINS
SANDY COLLINS
TEQUILA COLLINS
TOM COLLINS
WODKA COLLINS

FLIPS

APPLEJACK FLIP
BANANEN FLIP
BOSTON FLIP
BRANDY FLIP
BUTTERFLY FLIP
CHAMPAGNER FLIP
CHERRY FLIP
COCONUT FLIP
ORANGEN FLIP
PERNOD FLIP
PIMM'S FLIP
PORTO FLIP
PORTO FLIP NORMAND
SHERRY FLIP
SPORT FLIP
UNICUM FLIP
WHISKY FLIP
ZITRONEN FLIP

FANCY DRINKS

BATIDA DE ABACAXI
BATIDA DE MARACUJA COM LIMAO
BATIDA DE MEL
BLACK VELVET
BLOODY BULL
BLOODY MARY
BULL SHOT
CAIPIRINHA
CUBANITO
HORSE'S NECK
MEXICAN MULE
MOSCOW MULE
PRAIRIE OYSTER
RAMROD
RED SNAPPER
SALTY DOG
VULCANO

HOT DRINKS

AFTER EIGHT
AMERICAN GROG
CAFE BENEDICTINE
CAFE COINTREAU
CAFE ROYAL
CARIBBEAN COFFEE
HOT CHOCOLATE
HOT TODDY
IRISH COFFEE
ITALIAN COFFEE
JAMAICA COFFEE
MALIBU HOT CHOCOLATE
MALIBU HOT COFFEE
ORANGEN PUNCH
PEPE'S CAFE
PHARISÄER
ROMAN COFFEE
RÜDESHEIMER KAFFEE
SARONNO TODDY
VENETIAN COFFEE

Weitere Informationen über Grundrezepte und ihre Verwendung s. u. „Die große Familie der Cocktails".

555 Rezepte von A–Z

Anmerkung: *1979 = KREATIONEN DES AUTORS MIT JAHRESZAHL

D

E

F

G

H

I

J

K

L

R

S

T